脳医学の先生、

頭がよくなる科学的な方法

を教えて下さい

東北大学教授

瀧靖之

聞き手

郷和貴

日経BP

私は44歳のライター。目下の心配事は「子どもの将来」である。

今4歳の娘が社会に出るとき、現時点では想像がつかないほど世界が激変していることは間違いない。

未来予測は不可能だが、どんな環境でも彼女がたくましく生き、そして幸せな人生を送ってもらうために、今の私にできることは何だろうか？どんな子育てをすればいいのだろうか？　なかなか明確な答えが出ない。

小学校受験をさせようと思って専門の塾に入れたものの、本人があまりにもつまらなそうなのですぐにやめさせたこともある。

学校の勉強ばかりが重要だとは思わない。しかし、グローバル化はますます進み、英語は当たり前の時代だし、AIがさらに普及すれば数学だってできたほうがいいに決まっている。

かといって、「勉強しなさい」とうるさく言うだけの親にはなりたくない。子どもには、どんな教育を受けさせればいいのだろうか？

そんなモヤモヤした思いを抱いていた矢先、なじみの編集者Tさんから、思いもよらない話を聞いた。彼は小学生の息子がいて、やはり教育のことで悩んでいた。

Tさんによると、その先生のアドバイスというのは、子どもの「脳」に関するもので、「これまでに読んだ育児の本に書かれていた内容とは違うタイプのものだった」という。

小学生の息子を中学受験のために塾に入れたんですけど、成績がすごく悪くて……。特に算数が壊滅的でした。

そんなとき、東北大学教授の瀧靖之先生に会って、息子の話をしたら、アドバイスがもらえたんです。半信半疑で試してみたら、数カ月で塾の成績が伸びたんですよ！　びっくりしました。

瀧先生は、東北大学で「脳」を専門に研究していて、医師でもある。しかも、研究のかたわら自らベンチャー企業を立ち上げ、経営者でもあるという。子どもの脳の発達や学習法に詳しく、本も執筆している。

そして、なんと編集者Ｔさんから「瀧先生と本を作りませんか？」という提案を受けた。「知りたいこと何でも聞いていいですよ」と言う。

私はド文系人間で、脳のメカニズムなどにはもちろん詳しくない。個人が努力しても脳の中身なんて変えられないと思っていた。ましてや、脳の力を伸ばして子どものテストの成績を上げさせるなんて、本当に可能なのだろうか？

聞きたいことは山のようにあった。

そして、できたのがこの本だ。

この本の結論を先に記そう。

頭のよさとは多面的である。
人の知能は心がけ次第で伸びる。
人の脳は何歳でも成長するし、歳をとっても若く保つコツもある。
逆に、脳の成長を止めるのは「あきらめ」である。

子どもの脳の力を伸ばす方法について聞いていたら、実は同じことをすれば大人の脳を成長させることも可能だということがわかった。

私のように40代にもなると、もの忘れや、固有名詞が出てこない、集中力が途切れる、などの問題が出てくる。これらの問題を解決するだけでなく、同じ方法で認知症の予防につなげることだってできるのだ。

膨大なエビデンス（科学的証拠）に裏づけされた脳の仕組みを理解するにつれ、まったく新しい視点を持てるようになった。目からウロコが落ちまくった。

私と似た悩みを抱える多くの方に、私の感動を追体験していただければと思う。

ライター　郷和貴

脳医学の先生
頭がよくなる科学的な方法を
教えてください

CONTENTS

タツノオトシゴ

IQ

2

結果をほめるより、努力をほめる

学校の成績を伸ばす「6つの力」

脳の成長のロードマップ

大人の脳のパフォーマンスをアップ!

「スモールステップ法」と「ポモドーロ法」

6

自分のあるがままを受け入れる「メタ認知」

子どもの成長も促せる

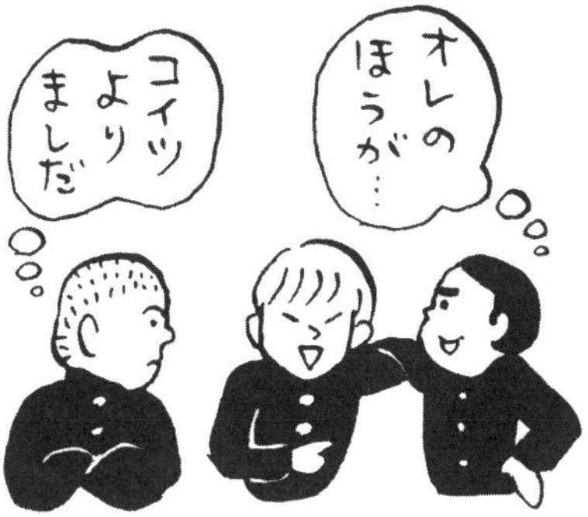

子どもの脳の発達や大人の脳の老化などに詳しい。これまで16万人もの脳MRI画像を読影・解析した。医師、医学博士。小学生の息子がいる。

子どもの将来を心配するライター。4歳の娘がいる。子どもの脳を賢くする方法を瀧先生に聞きに来た。

瀧先生に子どもの勉強について相談し、それを実践したところ、小学生の息子が塾で成績を伸ばした。

第1章

うちの子、
賢くなりますか？

脳医学の先生に会いに行く

1

勉強以外のことでも とことんやってみる

子どもの脳を成長させる5つの要素

なぜモチベーションが上がって続けられるのか？

瀧先生、はじめまして！

はじめまして。よろしくお願いします。

編集者さんから聞いた話によると、瀧先生は「**頭がよくなる方法**」なるものをご存じだそうですね（ワクワク）。
Tさんの息子さんは、先生の言ったとおりにしたら、数カ月で塾の成績が上がったとか。

成績が上がったのは、きっと息子さん本人が努力したことが大きいですよ。ただ、なぜ努力を続けられたのか、というのがポイントで、そこにヒントがあると思います。

そりゃあ、本人が勉強したから成績が上がったんでしょうけど、何のおかげで**モチベーション**が上がって勉強を続けられたんでしょうか。気になります。

具体的にどんなことをやったのか、Tさんにメールで聞いてみました。

勉強とは関係のない２つのことをやってみました

瀧先生から、何でもいいから子どもが興味を持ったことを、とことんやらせるのがいいと聞いたので、結果として２つのことをやらせてみました。

１つは「**自転車**」。息子は補助輪なしで乗れるようになるのが友達より遅かったので、その分、自転車にハマったみたいで。新しい自転車に買い換えてみたら、毎日のように乗るし、休日は僕と片道10キロくらいは平気で遠出するようになったんです。おかげで体力もつきました。

もう１つは「**サッカー観戦**」です。地元のＪリーグの試合に連れていったら、すごくハマって。しょっちゅう行くようになりました。選手名鑑を買ってあげたら、選手の名前や過去の成績まで暗記したり、全国のチームの本拠地とその名産品とかまで覚えたりしたんですよ。

見事に勉強とは何も関係ないじゃないですか。本当に効果があったんですか？

勉強とは関係ないですが、子どもの脳を成長させるためにはよいことなんです。メールの続きで勉強について書いてありました。

初めは成績も悪く、塾で萎縮していたんですけれども、自転車とサッカー観戦にハマってからは、なぜか積極的になっていった気がします。

先生のアドバイス通り、「無理に勉強しなくてもいいけど、どんな成績をとっても応援してるよ！」と伝え、**努力をほめる**ようにしたら、だんだん成績が上がってきて、今では「自分でもやればできるし、塾が楽しい！」と言っています。

塾が楽しい、と思えるようになったのは何よりです。そうやって自分から能動的に取り組むのが、脳にとってもベストなんですよ。

あ、私も娘に「**何があっても、パパは味方だから、応援してるよ**」って伝えていますよ。これはいいことなんですね！

もちろんです。そして、T さんがやったことには、私が考える「**子どもの脳を成長させる 5 つの要素**」がすべて含まれていると思います。

5 つの要素？

「**熱中体験**」「**知的好奇心**」「**自己肯定感**」「**しなやかマインドセット**」「**生活習慣**」の 5 つです。

脳を成長させる５つの要素

①熱中体験
②知的好奇心
③自己肯定感
④しなやかマインドセット
⑤生活習慣

とことんハマるから脳の成長を促す

Ｔさんの息子さんは、自転車とサッカー観戦にハマりました。これをとことん突き詰めると、「**熱中体験**」になります。

勉強じゃなくても、子どもが興味を持ったことを、とことんやらせるのがいいというわけですか。

そうです。私は『東大脳の育て方』[1]という本を監修したのですが、東大生によく見られる共通点として、音楽やスポーツ、ゲームなどで並外れた熱中体験をしているというのがあるんです。

ほう、東大生も、勉強とは関係のないことに熱中していたんですね。

なぜ興味を持ったものをとことんやらせるのがいいのかというと、それが「**知的好奇心**」を育むからなんですね。Ｔさんのお子さんが、サッカー観戦にハマって、サッカー選手の名前や過去の成績までどんどん知りたくなって、気がついたら膨大な量のデータを自然と覚えてしまう。しかも能動的に。これが知的好奇心のスゴイところです。私は知的好奇心こそ「**脳の成長の原動力**」だと考えています。

おお、早くも結論めいた言葉が！　確かに、勉強の暗記はつらいのに、自分の趣味に関することなら苦もなくスラスラ覚えられますよね。

脳には「**扁桃体**《へんとうたい》」という好き・嫌いを判断する領域があります。これがすぐそばにある「**海馬**《かいば》」と密接な関係にあるんです[2]。海馬は記憶力に関係しているので、自分が好きだと感じている物事については苦もなく覚えられるのだと考えられます。

スゴイなぁ。ただ、勉強に関係ないことを覚えても、成績は上がらないんじゃないですか？

そうとも限らないんです。自分が夢中になったことを**芋づる式に覚えていく**という経験を通じて、脳の使い方がわかってきます。すると、自分から勉強したいと思って取り組んだときに、その脳の使い方が応用できることがあるんです。
それに、Ｊリーグの本拠地やその名産品まで覚えてしまったのは、これはもう科目でいうと「**社会**」ですよね。勉強以外で興味を持ったことが、そのまま勉強につながっていくこともよくあります。

ホントだ。地理の勉強になっている。一見、関係なさそうでも、つながることもあるわけですね。

「結果」をほめるのではなく「努力」をほめる

ところで、「**自己肯定感**」は私も大切だと思って、娘の自己肯定感を上げてあげたいと思っているんですけど、具体的にはどうすればいいんですか？

結果ではなく、**子どもの努力をほめてあげる**ことですね。努力をほめて、自分は成長できるんだ、失敗したってまた挑戦すればいいんだ、って子どもが思えるようになると、自己肯定感が高まっていきます。

そうか〜。つい、結果をほめちゃうんですよね。子どもって、何かできるとすぐに「ホラ！」って自慢してくるから、「よくできた！」って結果をほめちゃう。

その気持ちはよくわかります。ただ、「毎日少しずつ練習してるね」とか、「勇気を出してチャレンジしたね」と言うと、子どもは努力をほめられたと感じますよ。
小学校５年生を対象にしたある研究では、**努力をほめられた子どもは**、成績をほめられた子どもよりも学習達成意欲が高く、失敗したあとでも課題に対して前向きに取り組む傾向があるという結果になったそうです [3]。
また大学生を対象にした研究では、**努力次第で自分が成長していけると考える学生**は、そう考えない学生と比べてしっかり学習目標を設定し、失敗から立ち直る能力が高いことがわかりました [4]。

私なんて、子どものとき成績の結果ばかり気にしていたから、悪い点を取ったら「**どうやったら証拠を隠蔽《いんぺい》できるか**」なんて考えてい

ました……。

結果ばかりほめることの問題点は、失敗したときに「結果が出なかった自分はダメなんだ」って落ち込んでしまうことかもしれませんね。努力というプロセスをほめれば、失敗してもまた挑戦しようと思うようになる可能性が高い。
失敗してもまた挑戦しようという気持ちこそが、「**しなやかマインドセット**」です[4]。自分はダメだと思い込まず、やればできると信じて挑戦する気持ちですね。

「しなやか」っていうのは、「ガチガチ」に硬直した状態の反対っていうことですね。そんなふうに考えられる子どもに育ってくれたらなぁ。

「生活習慣」が脳の土台を作る

ところで、最後の「**生活習慣**」って何ですか？

「**寝る子は育つ**」といいますけど、あれは体が成長するという意味だけでなく、脳にも当てはまるんです[5]。しっかり睡眠をとれば、脳もきちんと成長していく。
同様に、食事でちゃんと栄養をとったり、体を動かして運動したりすることも、脳が成長する土台を作ることができます。それらをまとめて、「生活習慣」なんです。

睡眠と食事はよくわかります。うちでも、娘が寝不足にならないように睡眠時間には気をつけていますし、朝ご飯をちゃんと食べるように声をかけています。

でも、運動もしないとダメですか？　公園遊びぐらいしかさせていないですが……。

4歳ならそれで十分ですよ。運動がニガテなお子さんもいますが、楽しんでやれること、続けられることを見つけるのがポイントです。Tさんのお子さんは、自転車に乗ることがいい運動になっていますよね。

運動も自分が興味を持って、主体的にやるものを見つけることが大切というわけですね。

2

IQだって努力次第で伸びる

人間の脳には「可塑性」がある

IQは約50%が後天的なもので決まる

実は、私にも小学生の息子がいて、私がTさんにしたアドバイスというのは、**私自身が自分の息子に対して普段やっていること**を話しただけなんです。
うちの息子は親の影響で本が好きで、寝る前に1時間、**読書**するのが家族の習慣です。また最近は**化学**にハマっていて、「分子構造模型」を買ったら、夢中になっていろんな分子を作って遊んでますよ。

化学にハマる小学生ってスゴイですね。
「子どもの脳を成長させる5つの要素」の説明を聞いて、なるほどとは思うものの、一方で**親がいくら何かやったところで子どもの頭をよくすることって難しいんじゃないか**、という気もしてしまいます。頭のよさとか、生まれつき決まっている部分が大きいんじゃないか、ってモヤモヤするんです。

それはいい指摘ですね。実は、人の**IQ**（知能）は**約50%が後天的**なもので決まる、という研究があります[6]。諸説ありますが、約50%が後天的ということは、コツコツ努力すればIQだって伸びていくということを意味しています。

おお、それは勇気がもらえる話ですね！
そういえば、IQって頭のよさそのものなんですか？

IQは脳の総合的な認知能力などを測るモノサシとして広く定着していますけど、結局は「人の頭のよさを評価する方法はないかな」と悩んでたどりついた1つの仮説にすぎません。

IQの検査項目を考えた人も「これが絶対的な尺度だ」とは思っていないはずです。ただ、「やっぱりある程度、統一の基準があったほうがいいよね」という理由で使われていると考えるのが妥当でしょう。

そもそも頭のよさを測る絶対的な基準なんてないわけですね。それって、学校のテストや偏差値も同じですよね。

そういうことです。統一的なモノサシは社会には必要なので否定するつもりはないですけど、**モノサシに振り回される必要もない**わけです。
日本の学校教育のモノサシに合わないなら、海外に行ってもいいし、社会人になって会社の人事評価のモノサシに合わないなら、個人事業主になればいいわけで。

なんか今の言葉で救われた！（涙）
満足したので帰ります。

もうちょっとやりましょうか（笑）。

脳のどんな機能が「子どもの学力」を伸ばすのか

そういえば、この本を通じてどんなことが知りたいですか？　「子どもの脳の成長について」だとちょっと漠然としてしまいますよね。お話しするためには、何か「**切り口**」があったほうがいいような気がしています。

私が知りたいのは、**子どもがたくましく生き、幸せになるために自分ができることは何か**、ということです。
でも一方で、何歳から塾に行かせようとか、小さい頃はどんな習い事がいいのかとか、受験はどうするか、なんていろいろ考えちゃう。やっぱり、子どもが賢くなって、学力を伸ばすためには何をすればいいのか、っていうことも気になってしまうんです。

子を持つ親ならみんな考えることです。それに、「**学力主義**」を否定しなくてもいいと思います。学力が高いと**進路選択**がしやすくなり、社会的な成功につながるという研究がありますし [7]、学力の高さが自尊感情（**自己肯定感**）や健康にもつながるというデータもあります [8]。

つまり、子どもの学力を伸ばすと将来幸せになれる可能性が高いということですか？

常識的に考えてそうですし、科学的にもそのような研究がたくさんあるということです。

中国や韓国には教育熱心な親が多く、小さいときから猛烈に勉強させるなんて聞きますけど、子どもの幸せのためには、そこまでやら

せてでも学力を伸ばしたほうがいいということですか？

子どもが自分からそれを楽しんでいるならいいと思います。そうでなければ、無理にやらせる必要はありません。

それを聞いて安心しました。実は、小学校受験専門の塾に娘を通わせていたんですけど、「**ぜんぜん楽しくない**」と言い出したのでやめさせたんです……。

焦らなくていいですよ。
ある研究では、**早期教育を**受けた子どもでも小学校の高学年くらいになると、早期教育がIQに与えた影響が薄れていく、というデータがあります[9]。もちろん、早期教育によってその子の才能が開花する場合もあるでしょうが。

無理に勉強させて、「勉強とはつらいこと、言われてやること」って子どもが思うようになるのは避けたいですし、「親や先生の言うことに従うのがよい子だ」って勘違いされるのも怖いなって思っています。

100％同意します。そう考える子どもになってしまうと、いつか成績が伸び悩むと思います。勉強でも何でも、子どもが自分から主体的に、能動的に取り組むことが重要なんです。そうしないと脳によい刺激が与えられないし、長続きしません。

なるほど！　子どもの脳を成長させるためには、脳によい刺激を与え続ける必要があって、そのためには能動的に取り組まないとダメなんですね。だから、勉強以外でもいいから、子ども自身が興味を持ったものをとことんやらせるのがいい、ということか。

その通りです！　子どもが能動的に取り組む対象を見つけるきっかけを作るのが親の役割ですよ。

3日坊主でかまわない！

先日、**プログラミングできるロボット**を試しに買ってみたんですけど、娘は興味を持ってくれなくて、結局私１人で遊んでいました(苦笑)。
子どもが賢くなるために親ができることなんてあるのかと思っていましたが、こんなふうに興味を持ちそうなものを提案したり、探すのを手伝えばいいわけですね。

その通りです。いろいろ提案していくうちに、子どもにとってヒットするものも見つかるでしょう。勉強とは直接関係なさそうなことでも、夢中になって取り組めば子どもの脳の成長を促しますし、その経験は将来必ず役立ちます。

途中で飽きちゃってもいいんですか？　スポーツだって音楽だって、誰もが一流の選手や演奏家になれるわけじゃないですよね。

3日坊主でかまいませんよ。一度、経験するということが大切です。「**また途中で投げ出して！**」なんて叱らずに、次々と挑戦させてあげてください。

実は、「**子どもの学力を上げるものは何か**」という研究が、世界中にたくさんあります。それを調べてみると、一見、勉強とは関係なさそうなスポーツや音楽などでも、学校の成績を上げるかもしれないということがわかって面白いですよ。

それ、めちゃくちゃ知りたいです。ぜひ教えてください！

それでは、次にお会いするときまでに、最新の研究を含めて調べてまとめておきますね。第２章でお話しします。

やったー！
楽しみです。

3

科学と医学でわかった「頭がよくなる方法」

寝る子は「海馬」が育つ

「大学は2回卒業しました」

先生はどのようにして脳の発達などに詳しくなったのですか？

もともとは大学時代に**理学部の生物学科で、ヒトの血液の赤血球について研究をしていました**。ただ、基礎的な研究だけでなく、世の中の役に立つことがやりたいと思い、受験勉強をし直して、理学部を卒業してから**医学部に入り直した**のです。

それから東北大学の加齢医学研究所というところで、脳についての研究を始めました。

大学を２回卒業しているということですか。

スゴイ。

これまでに見てきた**脳のMRI（磁気共鳴画像）は約16万人分にも上ります**。5歳児から80歳を超えるお年寄りまで、脳の輪切り画像をたくさん見てきたのです。

加齢医学研究所というと高齢者について研究しているように思われるかもしれませんが、その対象は広く、それこそ生まれる前から亡くなるまでの一生について研究しているのです。

16万人分の脳の画像って想像もつきませんが、それだけたくさんのアタマの中をのぞいたら、どんなことがわかったんですか？

たくさんありますが、やはり、**子どもの脳の成長がその後の人生においてとても大切だ**ということです。
例えば、睡眠時間と脳の「**海馬**」の体積の関係を調べてみたところ、8～9時間寝ている子どもは、5～6時間しか寝ていない子どもよりも、海馬の体積が大きかったことがわかりました[5]。

つまり、「寝る子は海馬が育つ」ということですね！
……海馬って何でしたっけ？

脳の側頭葉《そくとうよう》の奥深くにある、**タツノオトシゴ**みたいな形をした部位です。海馬は「**記憶の倉庫番**」の役割を担っています。外部から入ってきた情報を一時的に記憶して（短期記憶）、その後も覚えておくべきかどうかを判断します。覚えておくと判断した情報は、前頭《ぜんとう》葉《よう》に送って「長期記憶」として保存するように指示する。保存しておいた情報を思い出すのも海馬の働きです。

海馬は側頭葉の奥深くにある

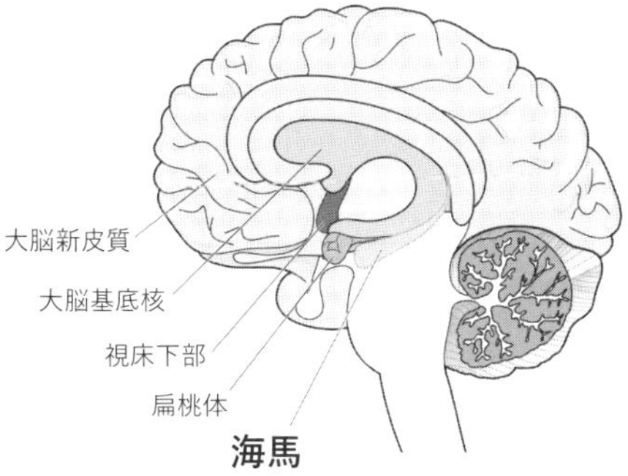

めちゃめちゃ重要じゃないですか。体積が大きいほうが、海馬の働きがよいと考えていいのですか？

その通りです。歳をとってアルツハイマー型の**認知症**になると、この海馬がまず萎縮《いしゅく》します [10]。短期記憶に障害が起きるので、朝ご飯を食べたことを忘れたり、同じことを何度も話したりするわけです。そして、海馬の萎縮から、高次の認知機能を司る前頭葉の萎縮につながっていきます。

うわぁ。
海馬が萎縮しないように気をつけないと……。

歳をとっても神経細胞が新たに作られる

人間の脳には**約 1000 億個の神経細胞**（ニューロン）がありますが、この神経細胞は細胞分裂して新しく生まれることがなく、死んだら終わり、という話を聞いたことはありませんか？

それ、聞いたことあります。だから、脳の神経細胞は減っていく一方だって。

ところが、脳の一部では年齢を重ねても神経細胞が新しく作られるんです [11]。それがまさに、海馬です。

ええっ。不思議だなぁ。

だから、人間の脳は何歳になっても成長できると言えるし、外部からの刺激によって変化する力があるのです。
私は「**成長し続ける脳**」こそが目指すべき理想だと思っています。

子どもの脳が成長するのは当たり前として、大人になっても脳は成長できるんですか？　老化をなるべく食い止めるので精一杯になりそうですが……。

いえ、大人の脳だってコツコツ努力して刺激を与え続ければ、成長できますよ。このように、外部からの刺激に対して変化する力があることを「**可《か》塑《そ》性《せい》**がある」と言います。
逆に「もう歳だからダメだろう」とあきらめちゃうと、本当に伸びません。「やればできる！」という、**しなやかマインドセット**は大人にも必要なんです。

ひょっとして、先ほどの「子どもの脳を成長させる５つの要素」は、**大人にも有効**だということですか？

その通りです。子どもの脳にとってよいことはすべて、大人の脳にとってもよいことなのです。

大人の脳も鍛えれば成長する

でも、海馬以外では、神経細胞は死んでいく一方なんですよね？
大人の脳は、どうやって成長していくんですか。

これは子どもでも大人でも同じですが、脳が情報を処理するためには**神経細胞同士が神経伝達回路（シナプス）でつながって複雑なネットワークを構築します**。神経細胞同士が結びついていくことで、脳の体積が増えていくんです。

子どもの脳はネットワークを作るスピードがものすごく速い。一方、大人は、それよりは時間がかかるものの、脳に刺激を与え続けることで、既存のネットワークを強化したり、新たなネットワークを広げたりすることができる、ということがわかってきました。

神経細胞がつながってネットワークを作る

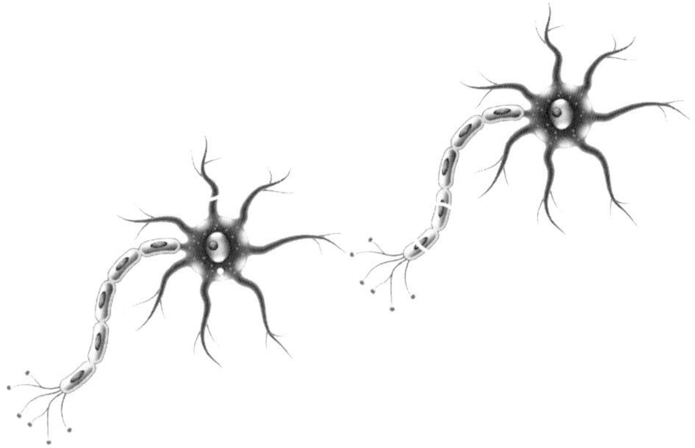

だから大人でもコツコツ努力することが大切だというわけですか。それがわかってきたのって、最近なのですか？

わりと最近です。2004年に科学雑誌『ネイチャー』に掲載されたドイツの大学の研究チームが行った報告[12]をはじめ、さまざまな研究[13]で明らかになっています。

どんなふうにコツコツ努力すれば、脳に刺激を与え続けることができるんですか？

脳をちゃんと使って負荷をかけることで、刺激を与えられます。毎日同じルーティーンを繰り返すだけだと、どうしても刺激が不足してしまいます。やはり、新しいことにチャレンジすることが大切です。

負荷をかけ過ぎると細胞が疲れて死んじゃいません？

大丈夫です（笑）。
負荷をかけると脳はより小さいエネルギーで情報伝達ができるように、ネットワークを太くしようとするんです。負荷をかけるから新しいネットワークが生まれる、もしくはすでにあるネットワークが強化されるということです。

脳って省エネ指向なんですね。

脳の重さは体重の２％にすぎないのに、消費エネルギーは体全体の20%を占めるって聞いたことありませんか？

あ、聞いたことあります！

だから、効率化を図るために、必要なネットワークは強化し、不要なネットワークは切り捨てて、なるべくエネルギーを節約しようとします。

心から好きなことにチャレンジする

脳に負荷をかけるというと、**パズルを解いたり、脳トレをやったり**、ということが思い浮かぶのですが、そういったことも効果あるんですか？

楽しかったらそれでもいいですけど、楽しくなかったら無理にやらなくていいです。苦痛を感じて過度なストレスが発生すると、逆に海馬が萎縮しちゃいますから。
とにかく自分の興味や関心のあることに、どんどんチャレンジしてみてください。仕事でも趣味でも、何でもいい。それが脳に負荷をかけることになります。

まさに子どもに「熱中体験」を経験させるのと同じですね！　趣味でもいいなら続けられそうです。

私も新しい趣味にどんどん挑戦するようにしています。最近は、**ピアノ、ドラム、スノーボード、筋トレ**などにハマっています。古い車をいじるのも好きです。私の脳内のネットワークは大忙しのはずです（笑）。

自分の興味のあることに取り組むということは、能動的にやるから意味があるということですよね。

その通りです。そして、大人でも能動的に取り組むには「知的好奇心」が大切になると思っています。先ほども言ったように、人の頭をよくする最大の原動力は「知的好奇心」じゃないかって思うんです。楽しいと思えることに熱中していたら自然と脳に負荷がかかりますから。

確かに。藤井聡太さんがイヤイヤ将棋してるとは思えない。

長生きする人ほど知的好奇心が高いというデータもあるんですよ。100歳以上のお年寄りを調べたところ、60～84歳の普通の高齢者と比べて男女ともに知的好奇心が高かった、という研究があります[14]。

認知症の予防もできるかもしれないんですね。趣味を大切にしないとなぁ。

4

大人の脳のパフォーマンスを上げるには？

老化を加速する「やってはいけないこと」

人間の脳は後ろから発達していく

子どもの学力を伸ばすにはどうしたらいいか、ということ以外には、どんなことが知りたいですか？

学力を伸ばす方法がわかった上で、「**自分の子どもには何をやらせたらいいか**」を判断する方法が知りたいですね。子どもの発達って凸凹があって、ヨソの子にはできてもウチの子にはできないことがあって当然ですよね。

確かに、子どもの脳の成長には凸凹があります。ただ、子どもの**年齢によってどの能力が伸びやすい時期なのか**が大まかに決まっているので、まずはそれを参考にするのがいいでしょう。
これは第3章でお話ししますね。

娘は今、4歳なので、「4歳だとこういうことをやるのがいい」ということがわかるわけですね。楽しみです！

大脳の発達には、個人差はあるものの、成長する順序や時期にはおおよその流れがあります。後ろのほうから発達していくんです[15]。

脳は後ろから発達し、前から壊れていく

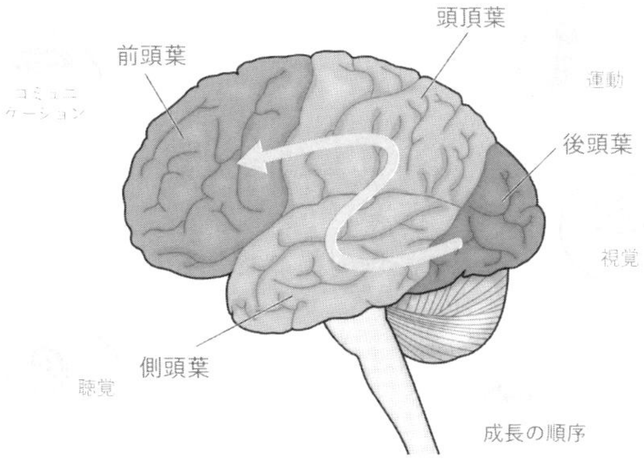

生後からすぐに発達するのが、脳の後方にある**後頭葉《こうとうよう》**と**側頭葉《そくとうよう》**。3歳になる頃には、見る・聞くことは、大人と同じレベルまでできるようになります。また、3～5歳頃には脳の中央部の**頭頂葉《とうちょうよう》**が発達し、**運動《うんどう》野《や》**が成長していきます。

おお、まさにうちの娘は今、運動の能力が発達しているわけですね。

その通りです。そして、最後に発達するのが、脳の前方に位置する**前頭葉《ぜんとうよう》**。小学生になる頃から、思考や感情、言語やコミュニケーションといった能力が伸びていきます。**前頭葉の発達は12歳前後の思春期がピーク**で、人によっては20歳頃まで成長します。この前頭葉が完成すると脳の体積は最も大きくなり、子どもの脳から大人の脳になるわけです。

ピークまであと8年しかない。今から脳によいことを続けて、しっかり土台を作らなきゃ。

歳をとると脳が萎縮するが…

発達がピークに達して大人の脳が完成したら、今度は脳の老化がゆっくり始まっていくんです。最後に発達した前頭葉から萎縮し始めます。「**後ろから発達し、前から壊れていく**」と覚えてください。
どんなに健康な人でも、歳をとると脳が萎縮していきます。下の図は、健康な40歳、51歳、60歳、70歳の男性の脳MRI画像です。歳をとった人ほど中央のX形の白い部分（脳室）が大きいですよね。これが脳が萎縮している証拠です。

健康な人でも歳をとると脳が萎縮する

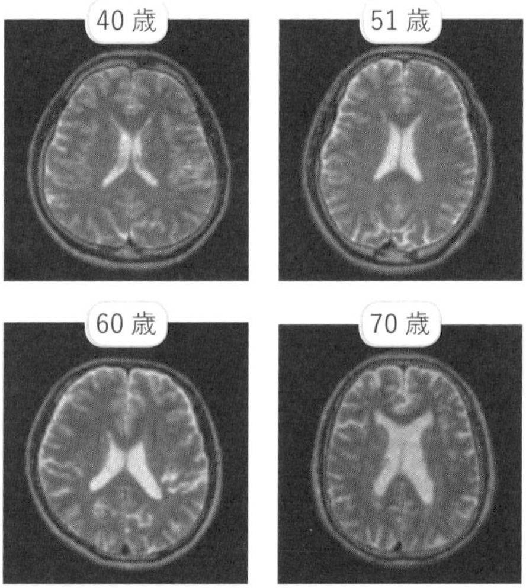

※それぞれ別の人の脳のMRI画像

怖い！　実は私、20代の頃にうつ病で仕事を1年間休んでいたんです。それ以来、なんだか頭の回転が遅くなったような気がして心配なんです……。

確かに、うつ病になると、前頭葉や海馬が萎縮することがあります[16]。それで脳のパフォーマンスが一時的に下がることはあるかもしれませんが、今は毎日バリバリと文章を書かれているわけですから、大丈夫ですよ。

でも、原稿を書くスピードをもっと上げたいんです。どうしたら脳のパフォーマンスを上げられますか？

先ほど、子どもの脳にとってよいことはすべて、大人の脳にとってもよいことだと言ったように、「5つの要素」が基本になります。それ以外にも、脳の老化を加速させるような「**やってはいけないこと**」があるので注意しなければなりません。

それ、ぜひまとめて教えてもらえませんか？

わかりました。それでは第4章で、大人が脳のパフォーマンスを上げるためにやるべきこと、逆にやってはいけないことについて、お話ししましょう。

ありがとうございます！

第2章

結果をほめるより、努力をほめる

学校の成績を伸ばす「6つの力」

1

学力アップは「前頭前野」がカギ

「自制心」がある子どもは成績がよい

世界中で研究されている「子どもの学力」

さあ先生、いよいよ**子どもの学力を伸ばす方法**を教えてください。

最新の研究も含めて論文を調べてきました。前章でもお話ししたように、この分野は世界中でとてもたくさん研究されていますから。

世界中の親が知りたいですよ。

たくさんの論文を読んでいくと、次の6つの切り口の研究が多く、エビデンス（科学的証拠）が豊富だと気づきました。言ってみれば、これが「**学校の成績を伸ばす6つの力**」です。

学校の成績を伸ばす6つの力

①実行機能
②知的好奇心
③創造性
④コミュニケーション力
⑤自己肯定感
⑥やり抜く力（GRIT）

「**知的好奇心**」や「**自己肯定感**」は、前章でも話題になりましたね。一方で、「**実行機能**」や「**やり抜く力**」は、聞いたことないなぁ。

いずれも脳に関連した能力と考えていいものです。それぞれどのようなものか解説するとともに、どうやってその力を高めればいいのかについても紹介していきましょう。
まずは「**実行機能**」からですね。

頭のよい子は「前頭前野」がフル回転

この「実行機能」はまったく聞いたことがないですね。英語では何て言うんですか？

前頭前野は高度な認知機能の「司令塔」

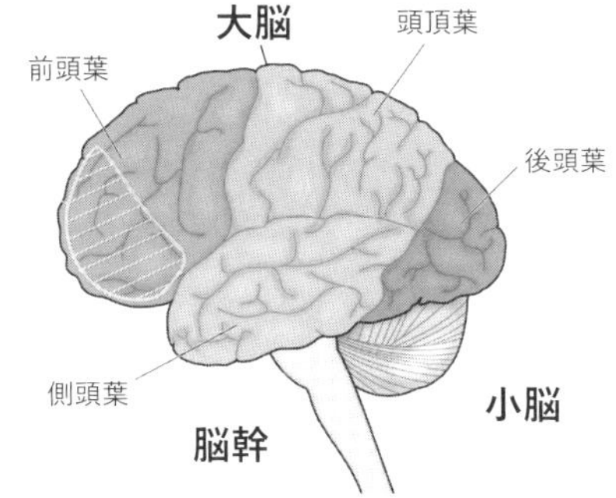

そのまま「Executive Function」ですね。要は「人間らしい高度な知的機能」のことで、脳の中でも主に前頭前《ぜんとうぜん》野《や》が関与しています[1]。おでこの真裏にあたる部分、前頭葉でも前のほうですね。まあ、実際にはほかの脳の部分も使われますが、**前頭前野が司令塔の役割を果たす**ような感じです。

具体的にはどんなことをやる機能なんですか？

具体的には、計画立案、予測、問題解決、目標設定、さらに本能的な衝動を抑え込む自制心などに関わる認知能力です[2]。論理的思考力にも関係していると言えます。実行機能が優れている人は、いわゆる「**頭の回転が速い人**」なのかもしれません。

すごく範囲が広いですね。実行機能に優れている子どもは、自分で目標を設定して、計画を立てて、自制心があるわけだから、確かに勉強ができそうです。
実行機能って、ざっくり言うと**思考力**や**IQ**（知能）のことですか？

ざっくり言うとそうだと思います。ただし、思考力やIQに加え、**自制心**が高いのもポイントです。つらいからやめたい、勉強をサボりたいという気持ちをぐっと抑えられるから成績がよいわけです。自制心が高いと学業成績がよい、周囲との人間関係が良好で対人スキルなどが高いという研究があります[3]。

自制心が低いのにフリーランスになって四苦八苦しているのが私です（苦笑）。

自制心と学力の関係について示しているのがこのグラフです[4]。大学生を対象にした調査で、最終的なGPA（授業科目の成績の平均）が縦軸、自制心およびIQが横軸です。横軸は統計で使う五分位数なので、被験者をスコア順に並べて5つに分けたものですね。「5」だと上位20%、「1」だと下位20%になります。

自制心が高いと学力も高い

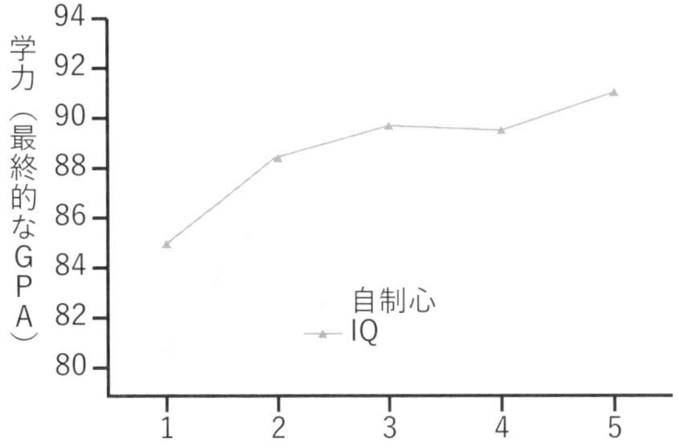

1…下位 20%
2…下位 20 ～ 40%
3…下位 40 ～ 60%
4…上位 20~40%
5…上位 20%

出典：Duckworth A.L. *et al*., Psychological Science, 2005 より改変

つまり、自制心が上位 20%の人の成績は、IQ が上位 20%の人の成績よりも高いってことですよね。逆に、自制心が下位 20%の人は、IQ が下位 20%の人より成績が悪い、と。

その通りです。自制心は学力にかなり影響を与えると考えられます。

ルールを作って「自制心」を伸ばす

自制心が重要だとわかったのは最近なんでしょうか？

自制心に関しては、有名な「マシュマロ・テスト」という研究が行われたのが 1970 年です [5]。4 歳の子どもが被験者で、目の前のお皿にマシュマロを 1 つ置き、「これをあげるけど、15 分待ったらもう 1 つあげる。待てなかったら追加のマシュマロはなし」と言っ

て部屋に１人にします。15分間待って２つ目のマシュマロがもらえたのは、全体の３分の１ほどだったそうです。

自分が子どもだったら、待てる気がしない……。

そして、1988年に追跡調査が行われました。成長した子どもたちの成績を調べると、**マシュマロを我慢できたグループは、我慢できなかったグループよりも、ずっと成績がよかったのです。**

なるほど。けっこう前から自制心が重要だとわかっていたわけですね。では、自制心も含めた実行機能を伸ばすにはどうしたらいいんでしょう？

規則を作って、それを守りながら好きなことをしてもらう、ということですね。

ああ……。
私、子どもに甘々なんですよね。

女の子はかわいいですからね。

お風呂の時間、寝る時間、YouTubeを見る時間を決めているくらいです。あとは「**人に迷惑をかけない**」ということだけは徹底しています。

立派な規則じゃないですか。そういう規則があるからこそ、子どもだって「もうお風呂の時間か。じゃあこれで遊ぶのは明日にしよう」などと考えますよね。それによって前頭前野がどんどん刺激さ

れていくわけです。

私の中では「**自分で考えて行動できる子になってほしい**」という願望があって、あまり親がうるさくルールを押しつけると、自分で考えなくなるんじゃないかという不安があるんです。

とてもいい考え方だと思います。ただ、自分で考えて行動できるようになるためには、大枠の規則を親が決めてあげて、その中で試行錯誤していくことで、自制心が身につけられると思います。
ほかにも実行機能を伸ばすのに有効だと思われるものがありますので、以下にまとめておきますね。

「実行機能」を伸ばすには…

- **規則を守る**
- **楽器の演奏**
- **親子で計画を立てる**
- **優先順位を決める**
- **ごっこ遊び**
- **プログラミング**
- **運動や外遊び**
- **何かをやり抜く**

「**ごっこ遊び**」や「**楽器の演奏**」「**外遊び**」なら、けっこうやっていますね。「**親子で計画を立てる**」も、休日のお出かけのときなどに挑戦してみます！

2

知的好奇心こそが脳の成長の原動力

子どもは好奇心のカタマリ

好奇心をそぐ親の反応はNG

続いて第1章でもお話しした「**知的好奇心**」。ある研究では、知的好奇心とは自分が面白いと感じるものを探したり、それについて学んだり、没頭したりすることとされています[6]。

知的好奇心こそ脳の成長の原動力だとおっしゃっていましたね。

はい。知的好奇心があって自分から興味のあるものにどんどんチャレンジしていけば、自然と前頭前野に刺激が入り、実行機能も伸びていくのではないかと思います。

知的好奇心って、実行機能みたいな「**機能**」なんですか？

「**脳の反応の仕方**」と言えるでしょうか。例えば恐竜の絵を見たとき、恐竜に興味のない子は「あ、恐竜だ」と視覚情報を処理するだけで終わるかもしれませんが、恐竜が好きな子だったら「この恐竜の名前は何て言うんだろう？　強いのかな？　どれくらいの大きさなのかな？」といろんな疑問がわいてきますよね。

知的好奇心の対象には、脳の中でより幅広くネットワークが使われていくという感じですか？

そうです。
そもそも**子どもって好奇心のカタマリ**なんですよ。赤ちゃんは何でも触ったりなめようとしますよね。もう少し大きくなると、何でも「**自分でやりたい！**」と言うし、さらに大きくなるとやたらと「**なぜ？**」って聞く。それは好奇心があって、脳内のネットワークを縦横無尽に広げようとする時期だからなんです。

わかります。できもしないのに「やりたい！」と言ったり、目につくもの何でも「なぜ？」って聞いてきたり。全部に対応するのも大変です。

でもそこで親が「**忙しいからあとにして**」とか「**そんなことより宿題は？**」とそっけない態度を取り続けると、子どもの脳内で、「知りたい」「やりたい」っていうネットワークは使わなくていいやって判断してしまうかもしれないんですよ。

怖いなぁ。
気をつけなきゃ。

スポーツや芸術活動も学力を上げる

知的好奇心が子どもにとってよい影響を与えるという研究はたくさんあります。知的好奇心があると**集中力**や**情報処理能力**も高まる[7]とか、知的好奇心があると、将来**専門的な知識**を獲得し、能力を発揮できるようになる[8]などです。

小さい頃は誰もが持っている好奇心をそのまま持ち続けると、学校の成績もよくなるということでしょうか。

そう言えると思います。そのためには親の役割は大きいですよね。前にも言いましたが、興味の対象は勉強でなくてもいいのです。幅広い**趣味活動**が学業成績によい影響を与えることが明らかになった研究もあります [9]。その理由として、「**自制心**や**問題解決能力**などがつく」「**集中力**がつく」「趣味によってはそのまま勉強につながる」「勉強に自由に向き合えるようになり、**自己肯定感**が得られる」などが挙げられています。

自制心や問題解決能力って、そのまま実行機能ですよね。

別の研究では、思春期の**ダンス**、**音楽**、**美術**、**科学**、**文学創作**、**演劇**、**スポーツ**などの余暇活動で成果を出した人は、将来の仕事においても成果を出しているということがわかっています [10]。何かに熱中して成果が出るまでやり遂げたことがあると、勉強でも将来の仕事でも成果を出せるということですね。

余暇活動で「**成果を出すコツ**」みたいなものがわかって、それを勉強などに応用できるということかな。勉強 1 つに絞らないほうがよさそうですね。

それも大いにあると思います。スポーツの世界でも同じで、超一流の選手は、そうではない選手と比べて、その種目に絞り込むタイミングが遅く、いろんなスポーツを経験しているというデータがあるんです [11]。テニスの錦織圭選手なんてまさにそうだったみたいですね。

へぇ！　逆に早いうちから種目を絞り込んでそればっかりやっていたのかと思ってました。

スポーツだけじゃなくて、ノーベル賞受賞者はほかの一般的な研究者と比べて本格的な芸術活動の趣味を持っている人が多いというデータもあります [12]。

東大生は並外れた熱中体験を持っている人が多い、というのにも通じますね。

当たり前ですけど、何をするにしても脳って１つしかないんです。「勉強用の脳」とか、「音楽用の脳」とか「スポーツ用の脳」とかがあるわけじゃない。だから一見すると**本来の目標に無関係な活動に思えても、熱中していれば脳はちゃんと成長するんです**。この事実をもっと多くの人に知ってもらいたいですね。

図鑑、百科事典、アウトドア体験…

子どもが興味を持ってくれそうなものを探してはいろいろと提案してみるんですが、なかなかエサに食いついてくれなくて。

焦らなくていいですよ。知的好奇心を育むためには、まず第一歩として、子どもが幅広い知識に触れる機会を作ることです。子どもは１人では情報のアンテナを広げられないので、「**世界にはこういうものがあるんだよ**」と周囲の大人が教えてあげないといけません。私のお勧めは子ども向けの**図鑑**や**百科事典**です。

うちの娘は「これ読んで」と言いながらいつも**動物の図鑑**を持ってきます。「人間を食べるかどうか」がもっぱらの関心事のようです。

まさに好奇心が伸びている状態ですよ。そうやって子どもが動物の図鑑で興味を持ったら、今度は**動物園**に連れていく。実物を見せて、リアルな体験をさせてあげるのが重要です。すると、図鑑で見ていた動物が目の前にいるので、脳内もより活発にネットワークが広がります。

娘が興味を持ったらその場ですぐにYouTubeで映像を見せるようにしているんですけど、リアルな体験のほうがいいわけですね。

動画を見せるのもいいですが、リアルな体験のほうが記憶により強く残りやすいですし、そのときのワクワク感がさらに知的好奇心を刺激すると思います。

なるほど。ただ私、めちゃくちゃ出不精《でぶしょう》なんですよね……。出かけるのがおっくうに感じてしまうんです。

できる範囲でいいですよ。あと好奇心を育むためには、**アウトドア体験**がお勧めです。アウトドア体験は、体や脳、情緒の発達を促進するなど多くの効果があることがわかっています[13]。
昆虫採集、釣り、天体観測、キャンプとか。例えば蝶を捕まえたら、一緒に図鑑で調べてみるということもできますよね。

あ、私は**釣り**が趣味なので、家の近くで**川遊び**をそろそろ一緒にやろうかなと思っているんですよ。浅瀬で川をせき止めて魚を捕まえたり、ハゼやテナガエビを釣ったり。私の部屋に釣り道具がたくさんあって、娘もたまに「リールさわらせて」って言いながらクルクルしてます。

それ最高ですよ！　脳には、ほかの人の行為を模倣《もほう》することに特化した機能があるんです[14]。子どもは模倣によっていろいろな能力を獲得することが明らかになっているので[15]、子どもが何かに熱中するためには「**親が何かに熱中している姿を見せること**」が一番です。

親の趣味でも子どもによい影響を与えるんですね。趣味と言えば、40 歳過ぎてからパソコンでの音楽づくり（DTM）に興味がわいて、ド素人ながら**作曲**と**ピアノ**と**ギター**の練習もしています。あと**プログラミング**でゲームを作ったり。おかげで 4 畳半の仕事部屋が、スタジオ兼釣り具屋みたいになっています。

いいですね！　そうした親の趣味がきっかけとなって、知的好奇心が旺盛《おうせい》なお子さんに育つ可能性は十分に大きいと思いますよ。

最後に、知的好奇心を伸ばすためにできることをまとめておきますね（次ページ）。

「知的好奇心」を伸ばすには…

・子ども向けの図鑑や百科事典を読む
・歴史、文化、芸術などの本（マンガも可）を読む
・親が趣味を楽しんでいる姿を見せる

・アウトドア体験（昆虫採集、釣り、天体観測、キャンプなど）
・動物園、博物館、美術館、科学館などに行く
・コンサートやイベントに行く
・さまざまな習い事のトライアル体験をさせる
・何かに没頭させる（お菓子作りなど何でもよい）

3

創造性が高い子どもは学力も高い

既存のものを組み合わせる力

「数学」と「理科」はクリエイティブ

3つ目は「**創造性**」です。アートなどに関連するクリエイティブな能力のことですね。

最近「アート思考がビジネスパーソンにも必要だ」なんて聞きますけど、これからの時代に重要なものですよね。

そうですね。言われたことを正確にこなすだけではなく、**自発的にアウトプットできる能力**が創造性ですから。創造性ってアーティストだけに必要なものだと思っている人も多いですけど、実は創造性が高いほど学業成績もよいという研究があります[16]。
ほかにも、小中学生で創造性が高い人ほど「**読解力**」「**数学**」「**理科**」の達成度が高かった[17]、9～12歳の子どもの学業成績は、創造性から予測できることがわかった[18]などの研究があります。

え！「数学」や「理科」に関係するんですか。

そうなんです。何かを創造することって**既存のものを組み合わせる**ことなんです。個別に存在している情報を脳内で有機的につなげることができる。だから、記憶力勝負の科目にはあまり創造性は必要

ないかもしれないけど、少ない情報を自分なりに応用しないといけない数学や理科などの科目ってクリエイティブなんですよ。

組み合わせる力かぁ。そういえば昔に取材したデザイナーさんも同じことを言っていましたね。「優れたデザイナーほど、既存のものを組み合わせて新しいものを創り出す」って。

創造性の高い人とそうでない人とでは、脳内のネットワークも違うという研究もあります[19]。創造性が高い人は、実行機能のある前頭前野と大脳辺縁系とを結ぶネットワークがよく使われているのです。

ということは創造性の高い人ほど前頭前野を使うのが得意？
創造性を伸ばせば、実行機能も伸びるということか。

そういうことが言えそうですね。

まず「インプット」を増やす

どうやったら子どもの創造性を伸ばせるんですか？　絵を描く道具とか、ブロックとかは買い与えているんですけど……。

絵を描くような**アウトプットをする機会を増やす**ことももちろん大事ですけど、子どもの脳の中は情報が少ない状態なので、「組み合わせ」ができるようにまず**たくさんインプットをしてあげる**ことですね。いろんなジャンルの本を読むのもいいですし、絵画や音楽などの芸術作品に触れさせてあげることも大事です。

それは本物のアート作品がいいんですよね。「プリ◯ュア」とか「鬼◯の刃」じゃなくて。無理に美術館に連れても嫌がりそう……。

たまに混ぜてみるのはどうでしょう。例えば、アート性の高い絵本を選んでみるとか、散歩の途中にアート作品があったら立ち止まって一緒に見てみるとか、部屋にアート作品を飾るとか、週末にリビングで親がジャズを聴くとか。できることからやればいいんです。

なるほど。で、アウトプットはどうすればいいんですか？

アウトプットでお勧めなのは**楽器の演奏**ですね。リズムをとって、曲を覚えて、複雑に指などを動かすので、脳にめちゃくちゃ刺激が入るんですよ。

そうなんですね。一応、本物のギターとカリンバ、子ども向けシンセサイザーは買い与えています。笑っちゃうくらい興味を示さないですけど（苦笑）。

楽器は最初のハードルが少し高いですからね。ハードルが低いものとしてはやっぱり**お絵かき**。手先を使うのが好きな子だったら**工作**もいいと思います。とにかく本人が没頭できるものがいいですよね。

なるほど。ちなみにうちの子は、塗り絵とか、ブロックやビーズを決められた位置に置いていくおもちゃではよく遊ぶんですけ

ど、自由に何かをゼロから作るということはあまり積極的にはしないんです。しょうがないから私が好き勝手に作って、「見て！　面白いのができた」ってわざと興奮気味で言うようにしているんですけど。

それでいいと思います。インプットが増えて、手先が器用になって自信がつけば、「私もパパみたいに自由に作りたい」という気持ちがわいてくるはずですから。
そのとき大事なのは、子どもが何か創造性を働かせてアウトプットをしようとしたときに、**大人が批判しないこと、そして型にはめないこと**。これに尽きます。

「面白い発想をしたね！」とプロセスをほめればいいんですね。

そうです。そこでダメ出しを食らったら「もっと作りたい！」という気持ちは萎えますよね。創造性を伸ばす方法をまとめておきます。

「創造性」を伸ばすには…

- **いろいろな本を読む**
- **絵画や音楽などの芸術に触れる**

- **楽器を習う、楽器を演奏する**
- **絵を描く（落書きでも可）**
- **工作をする**
- **何かに没頭させる、ボーっとする**
- **批判しない、型にはめない**

4

言葉だけじゃない「コミュ力」

YouTubeだけでは育ちにくい

「共感力」と「社会性」も重要

4番目は「**コミュニケーション力**」です。相手と意思疎通を図る能力であるとともに、「**共感力**」や「**社会性**」も含みます。

コミュ力かぁ。世渡りのために重要なのはわかるんですけど、学校の成績や頭のよさと関係するんですか？

「コミュニケーション能力」「共感性」「社会性」がそれぞれ高いと学業成績も高いということがさまざまな論文で指摘されています[20][21][22]。

そもそもコミュニケーション力って脳のどこが担当しているんですか？

コミュニケーション力はいろいろな能力を総合したもので、脳のさまざまな領域を使うんです。感情の認知、言語、共感性、社会性、それぞれ担当領域が違います[23]。

言語能力だけじゃないんですね。

はい。そこは結構重要なポイントですね。どれだけ弁が立つ営業マンでも、**相手の心情を察することができなければ商談を成立させられない**ですよね。

リアルなコミュニケーションに勝るものはない

子どものコミュニケーション力を伸ばすには、やっぱりたくさん話すのがいいんでしょうか？

やはりそうですね。**子どものときにたくさん会話をしているとその子のIQや学力を高める**と言われています。
例えば、子どもの世話をした量と肯定的な言葉をかけることが多いと、その後の子どものIQが高くなる[24]という研究や、親から肯定的に豊富な語《ご》彙《い》で多く話しかけられた1～2歳児は、そうではないグループよりも、3歳になったときに語彙数が2倍、IQが1.5倍高かった[25]という研究もあります。

かなりインパクトがありますね。ちなみに**YouTube**を観ることでコミュニケーション力が伸びたりしないんですか？　娘を見ていると、ボーッと動画を見ているようで、そこから結構いろんな言葉を覚えているんですよ。

言語の習得には役立つでしょうね。ただ総合的なコミュニケーション力という意味では、**リアルなコミュニケーションに勝るものはないです。**

まあ、そうか……。

自分で本を読める歳になったら**読書**もコミュニケーション力を高めますよ。特に共感性が強化されるんです。
言語の習得に関しては、生後7～9カ月のときに親から多く話しかけられていた子どもたちは、2歳の時点で基本的な文法ルールの多くを理解していた[26]という調査もあります。言語は耳から覚えるのが先で、そのあと話せるようになるわけですから、小さいときに言葉のシャワーを浴びせてあげることも脳の成長に有意義なんです。

あぁ……。0歳のときって、子どもに話しかけると親の独り言みたいになるのであまりやらなかったなぁ（反省）。

まあ、別に「これをしなかったら子どもが賢くならない」というわけではないので大丈夫です。
あと、**言語を使わないコミュニケーション**も大事ですね。相手の表情を読んだり、空気を読んだりする機会を増やしてあげる。

どうやるんですか？

リアルなコミュニケーションをとっていれば、自然とそういう機会があると思います。例えば、子どもが親に対して“汚い言葉”を使ったときに、**親がわざと黙って悲しそうな表情をする。**
すると子どもも「え？　どうしたの？」って思いますよね。その瞬間、脳のいろんな領域が刺激されます。

なるほど。何でもかんでも言葉で伝えようとせず、ときには表情などでコミュニケーションをとろうとすればいいのですね。

そういうことです。
コミュニケーション力を伸ばす方法をまとめておきますね。

「コミュニケーション力」を伸ばすには…

- **親子の対話の時間をできるだけ増やす**
- **子どもの話をじっくり聞く**
- **あいさつをする習慣を身につける**
- **読書の習慣を身につける**

- **表情やしぐさで伝える**
- **ネットよりもリアルなコミュニケーションを増やす**
- **スマホなどの利用時間を決める**

5

「記憶」が自己肯定感を作る

なぜ日本の子どもは自己肯定感が低い？

小さいときから小さなことでもほめる

5番目は、前章でも登場した「**自己肯定感**」。自分にOKを出してあげる思考パターンのことで、「自分は何かを変えられる」と思える**自己効力感**と、自分自身を大切と思える**自尊感情**の両方を含むとも言えます。

本1冊になるくらいのテーマですよね。自己肯定感って脳のどこで作られるものなんですか？

脳の領域でいうと、「**自己参照処理**」に関わる領域（内側前頭前野、後部帯状回）と「**自己評価**」に関わる領域（線条体、内側前頭前野）などが関係していると言われています[27]。

に、日本語でお願いします。

簡単に言えば「**記憶**」と「**感情**」です。

記憶と感情ですか。

そうです。脳はいろんな情報を保持していますけど、その中には「**自分**」に関する情報もあります。で、その自分に関する情報はどうやって作られるかというと、**小さいときからの記憶**なんです。大人になれば自分のことを自分で振り返ることができるので、自分の情報を自分で書き換えることもできますが、子どもには難しい。「パパにこんなこと言われた」「友達にこんなこと言われた」「先生にこんなこと言われた」。そういう小さな記憶とそのときの感情が積み重なりながら自己イメージってできるんです。

言われてみればそうかもしれない。

だから**否定される環境で育てば自己肯定感は下がるし、認められる環境で育てば自己肯定感は上がります。**

やっぱり子どもを否定せず、認めてあげないとダメですね。

そして、自己肯定感が高いと、やはり学力が高いことが研究からわかっています。自己肯定感が高いほど、大学の成績がよい [28]、自己肯定感が高いグループは、低いグループよりも実行機能に優れている [29]、という論文があります。

へーーー。でもこれって「優秀な子だから自己肯定感が高い」と読み取ることもできません？　だってクラスでトップの成績をとったら自信がわくじゃないですか。

そういうこともあるかもしれません。鶏が先か卵が先か、という問題である可能性も考えられます。

日本の子どもは自己肯定感がとても低い

どうすれば自己肯定感がアップしますか？　やっぱりほめるのがいいですか。

その前にこのデータを見てください。「**自分には長所がある**」と答えた子どもの割合を国ごとに比較したものです[30]。

日本の子どもは自己肯定感が低い

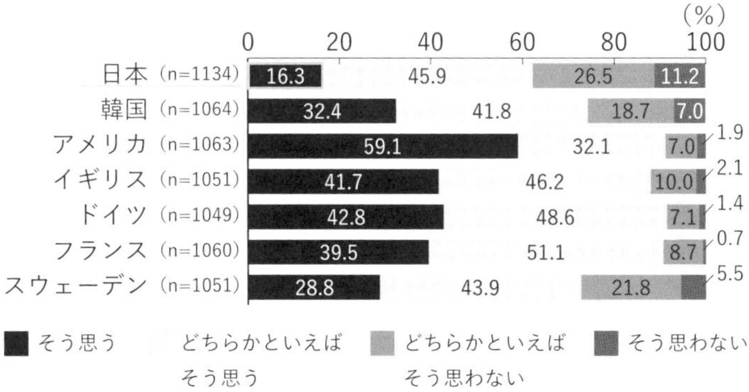

出典：令和元年版「子供・若者白書」内閣府 2019 年 より改変

え！　日本ってたったの 16%ですか？
アメリカなんて 6 割近いのに……。

日本の子どもって悲しくなるくらい自己肯定感が低いんです。「自分なんて大したことない」「自分にはできない」「自分はダメなんだ」って自信を失っている子ばかり。なぜそうなるのかってことを考えないといけないですよね。

なんで自己肯定感が低いんだろう。
叱り過ぎ？　ほめ足りない？

それも一因でしょう。よくほめられるほどメンタル面が健康であるという研究があります [31]。
ただ、叱ることが全面的に悪いわけではなくて、「子どものときにいっぱいほめられ、いっぱい叱られた子ども」は、「いっぱいほめられ、あまり叱られなかった子ども」と比べて、自己肯定感はほとんど同じなんです [32]。これは日本のデータですね。

叱られてもほめられれば自己肯定感は育つ

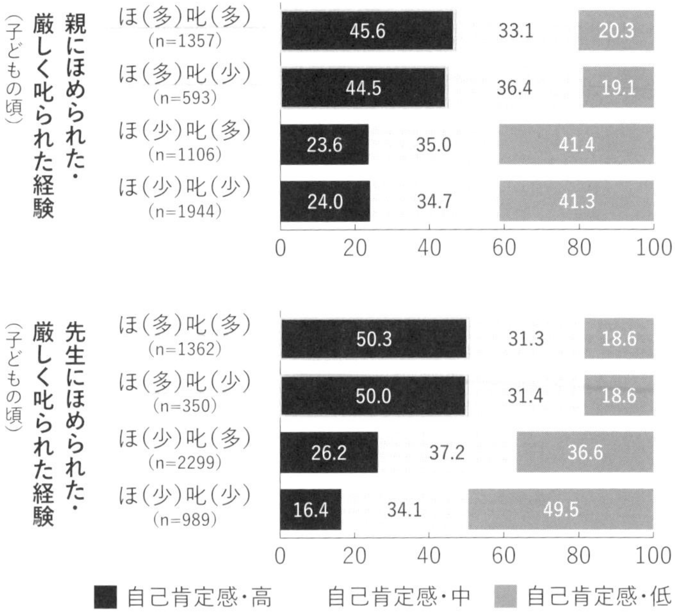

出典：国立青少年教育振興機構「子供の頃の体験がはぐくむ力とその成果に関する調査研究」2018 年 より改変

なんだか意外ですね！

周囲の大人がその子とどれだけ真剣に向き合ったか、ということなんだと思います。たくさん叱られて、たくさんほめられたということは、「自分のことをちゃんと気にしてくれている」「愛されている」って子どもに感じさせるんでしょうね。

あ、この調査結果のグラフ、「先生からあまりほめられも叱られもしなかった」グループが最も自己肯定感が低い結果になっています。**ほめられも叱られもしないって、無視されたように感じるかも**。なんか……会社と一緒ですね。

同じですよ。上司に無視されたら自信の持ちようがないじゃないですか。否定されることより無視されることのほうが自己肯定感にとっては敵なんです。存在が認められていないわけですからね。
まず存在を認める。その上で、**結果よりも努力をほめる、その子の長所も短所も個性として大人が受け入れる、子ども自身に自分で物事を決めてもらう**、ということが大切です。努力をほめることで学校の成績も向上したという研究もあります[33]。

結果ばかりほめていると、失敗したときに落ち込んじゃう。それで、自分は自分でいいんだ、と思えなくなってしまう、ということでしたよね。

子どもって失敗するのが当たり前なんですよ。というか、大人だって失敗するじゃないですか。
失敗するたびに怒られたら自信を失うし、そのうち行動を起こすこともためらうようになってしまう。だからまずは**失敗を認めてあげる**必要があります。大人が認めてあげないと、本人も自分の失敗を認められるようにはなりません。

つい結果に注目しちゃいますから、ちょっとハードルが高そうです……。

少しずつ意識して、努力をほめるようにしていきましょう。特に注意したいのは、**ほかの人と比べないこと**です。

「○○ちゃんはできているのに、なんであなたは」みたいなやつですか。

そうです。努力やプロセスをほめるってことは、人と比べないことですから。人と比べると結果に意識が向いてしまいます。**ナンバーワンじゃなくてオンリーワンを意識してほしいんです。**

理屈ではわかるんですけど、娘を見ていると**同世代の子に対するライバル心がすごいんです。**私が「自転車に乗る練習する？」と聞いても「イヤだ！」の一点張りなのに、友達が補助輪を外して乗っているのを見て「私もやる！」って言うんです。で、派手に失敗して泣く（苦笑）。

子どもってそうですねよ。確かにほかの子どもの存在は、何かに挑戦したいという感情を引き出すカンフル剤にはなるんです。それがうまくできなかったときのフォローが大事ですよね。「あの子だって最初はいっぱい失敗したんじゃない？　毎日練習したからうまくなったのかもよ」って。

なるほど！　それは使える！

大人が「失敗している姿」を見せる

あと、子どもの自己肯定感を上げるすごく簡単な方法って、**大人が失敗している姿を見せる**ことなんですよ。

あぁ……自分も失敗していいんだ、という気になるわけですね。でも、つい、「**完璧な親を演じないといけない**」と思ってしまうんですよね。

気持ちはわかります。ただそれって**子どもにとってはプレッシャーにつながってしまうんです。**本来、完璧な人間なんていないのに、パパやママはいつも完璧だ、と。
あと、子どもが失敗したときに、ダメ出しをしたり、「ああしなさい」「こうしなさい」と口出しをしたりする親もいますよね。それが親心なのですが、あまりやり過ぎると、子どもは**自分が否定された上に、試行錯誤をする機会が与えられなくなってしまう**ので注意が必要です。

そうですよね。日本人ってすぐに子どもにダメ出ししがちな気がします。

オンリーワンの発想、つまり「**人は違って当たり前**」という考え方が根づいていないのかもしれません。親子関係で言えば「子どもは自分の分身である」という考えが根深いのかも。
やっぱり子育てで重要なのは、「**自己決定**」なんですね。最低限の規則や制約は設けたとしても、その中で「好きにやっていいよ、自分で決めていいよ」と言ってあげる。その上で、周囲の大人が失敗を受け入れられる体制を作らないとダメなんです。

なるべく子どもに決めてもらうようにはしています。「人は違って当たり前」と娘が思えるようになってほしいなぁ。

脳の発達には必ず凸凹があるので、得手不得手ができるのは自然なことですし、考え方も違いますよね。それを考慮せずに**大人が勝手に理想を描いて、子どもを型にはめようとすると、どうしても歪みが生じてしまいます。**

理想かぁ……。
勝手に描いてるなぁ（汗）。

妄想するのはいいんです（笑）。子どもに押し付けないようにすればいいだけ。親として子どもに期待するのは当然のことなんです。程よく期待するくらいならいいんですけど、子どもにとって大きなプレッシャーを与えるような過度な期待は、口には出さないほうが得策かもしれません。

「自分は自分でいい」── 多様性を教える

自己肯定感を伸ばすために、ほかにできることはありますか？

さっきのオンリーワンの話、つまり**多様性**について教えてほしいんです。世の中にはいろんな人がいて、才能や価値観がバラバラであることを、普段の会話の中から伝えてあげてほしいと思います。

ダイバーシティ教育でしょうか。

そんなに難しく考えないでいいですよ。まずは子どものよいところを見つけて、それを言葉で伝えることから始めましょう。言葉にして伝えると、子ども自身がそのことについて意識する回数が増えて、それが自己イメージの１つになっていきます。

「オマエはこういうところが天才だ！」みたいな感じでほめまくればいいですか？

そんなに突出して優れたところでなくてもいいですよ。例えば落書きをしているときに「**色の選び方が上手だね**」とか。そういう小さなよいところが10個くらい組み合わさったら、誰だってオンリーワンになれるんですよ。
そして、子どもにほかの人のよさも見つけてもらってください。

うちの子、**保育園の友達の粗探《あらさが》し**ばっかりするんですよね……。

そういう話題になったらチャンスじゃないですか。「そうなんだね。でもその子のどんなところがすごいと思う？」とか「どんなところが好き？」とか聞いてみればいいんですよ。
４歳だとまだ難しいかもしれないですけど、続けていけば多様性を学んでいけると思います。

なるほど。ただ……親が多様性についての意識が低かった場合、子どもに多様性を教えられるものでしょうか。

できますよ。人の考え方ってすぐには変わらないかもしれませんが、まずは自分の子どもについてしっかり考えて、ほかの人と比べずに、受け止めてあげる。「この子のよさってなんだろう」「この子はどんなことに熱中しやすいのかな」「この子なりのペースがあるんだよね」という感じです。そうすれば、多様性を認められるように、少しずつ変わっていくんじゃないでしょうか。

そうでした。大人の脳にも**可塑性**があるんですよね[34]。

その通りです。人の思考パターンは変えることができるんです。
自己肯定感を伸ばす方法についてまとめておきますね。

「自己肯定感」を伸ばすには…

- **結果ではなく努力をほめる**
- **子どもの長所や短所を個性として受け入れる**
- **感謝の気持ちを持つことを教える**

- **自分のよいところを見つけさせる**
- **他人のよいところを見つけさせる**
- **自分の強みを伸ばしてもらう**

6

最後までやり抜く子どもは伸び続ける

世界が注目する「GRIT」

「IQよりGRIT」は本当か？

最後は、「**やり抜く力（GRIT）**」。何かを成し遂げるために最後までやり抜く力のことです。GRITとは、Guts（闘志）、Resilience（回復力）、Initiative（自発性）、Tenacity（執念）の頭文字から作られた造語です。

今、グーグルで調べてみたのですが、ベストセラー本のタイトルなんですね[35]。

はい。本が出たのは2016年ですけど、その10年前くらいから著者で心理学者のダックワース博士はいろんな論文でGRITの重要性について指摘しています。

なんでこの概念が急に注目されるようになったんですか？

「GRITはIQを超える学業での成功を決める指標だ」という意外性のあるメッセージだったからでしょう[36]。仕事でも勉強でも、成功する人はIQが高いと思われがちですが、ダックワース博士は「それよりもGRITのもたらす影響のほうが大きいよ」と言ったんです。

あ、そうか。地頭がよくても最後までやり抜かなかったら結果は出ませんからね。

そういうことなんです。逆にIQで多少劣ってもGRITがあればカバーできると。GRITを持つ人ほど人生の幸福度も高いという研究もあります[37]。

どういう人がGRITのある人なんでしょうか。

「**自分ならできる**」という自信が持てている人ですね。「すぐに結果が出るかはわからないけどいつかはできるだろう」という感覚を持てるかどうか。GRITの低い人って、基本的に「自分には無理だろう」って決めつけてかかりますからね。

私のことです（泣）。

自己肯定感と同じで、そういった自信も結局は自分の記憶に左右されるので、やっぱり**成功体験**が大事になるんです。
あとは「**結果を決めるのは才能ではなく努力だ**」という発想が持てるかどうか。才能で決まると思いこんでいたら、ちょっとした障害にぶつかっただけでもあきらめてしまうかもしれないけれど、努力で決まると思えるなら、そこで勉強量を増やしたり、先生に聞いたりと工夫できるじゃないですか。

家族みんなで「登山」をやり抜く

なるほど……。ただ、正直、ガッツで最後までやり抜け、みたいな**体育会のノリ**ってあまり好きじゃないんですよね。ガッツがない人はどうすればいいの？って思ってしまうんです。

気持ちはよくわかります。確かに、やりたくもないことを無理にスパルタ指導でやらせても、成功するまでやり抜ける子どもってごく少数なんですよ。
ただ、やり抜く力は後天的に伸ばすことができます。

どうやってですか？

子どもが小さいと、１人で何かをやり抜くのは難しいので、**家族みんなでいろんなことをやり抜く挑戦**をしてみたらどうですか？　例えば、**一緒に汗を流しながら山を登る**みたいな体験も、１日で完結しますけど、子どもの記憶には強烈に残るはずです。

私、高校のとき登山部だったんですよ。山を登る行程を小分けにして「次はここまでいくぞ」という感じで目標設定をして、１歩１歩積み上げていくと「ここまで登ったのか」って驚く瞬間があります。それに山頂に着いたときの「やり抜いた感」はたしかに日常生活では味わえないですね……。

ですよね。そういう体験を子どものときにたくさんしている子は、やり抜く力が高くなります。別に「一度やると決めたら最後までやり抜け！」みたいな**根性論を振りかざさなくてもいいんです**。「これだったらうちの子どもが熱中できそう」というものを親がうまく見つけて、目標設定の仕方もさりげなく教えていけばいい。我を忘れて熱中できることだったら苦労を苦労として感じないですよね。

なるほど。熱中できるものを探してみんなでチャレンジすればいいわけですね。

「将来の夢」がGRITを育てる

あと、先ほどの山登りで行程を分ける話のように、何かに取り組むときはただガムシャラにやるんじゃなくて、長期の目標を立てて、それを**小さなゴールに小分け**にして、日々の行動に意味づけすると、やり抜く確率が上がります。
特に勉強を続けていくときに長期目標の果たす役割は大きくて、よい成績をとるために段階的なステップを重ねることを意識していた学生は、単によい成績をとることだけを意識した学生よりも成績の向上が見られたという研究があります[38]。

子どもに長期目標を持たせるってあまりイメージがわかないんですけど……。

将来の夢を持ってもらえばいいんです。例えば私の子どもはサイエンスが大好きなんですけど、今の夢は「**海洋生物学者**」なんですね。

具体的だ。

海洋生物学者になるためにはどうしたらいいかを考えてもらうと、「海洋大学に行く」というので、さらに「海洋大学に入るにはどうしたらいいかな」と聞くんです。そうやって目的と手段をどんどん分解していけば、最終的に**今日やる勉強の意義**が理解できますよね。

長期的目標は具体的なほうがいいんですか？　うちの娘の夢は「パパのお嫁さんになること」だそうです（笑）。

それはパパにはうれしいですね（笑）。目標が具体的なほうが実現可能性が高まると思います。私も医学部を再受験したとき、勉強する期間が半年しかなかったんです。でもその半年間、**自分が聴診器を持って仕事をしている姿**をめちゃくちゃリアルにイメージしながら「これを実現するために何をやるべきか」「今月は何をしないといけないか」「今日は何をしないといけないか」ということを常に考えていました。

話の内容がビジネス書みたいになってますけど……。

ビジネス書みたいな内容ですが、大人がうまくアシストすれば子どもでもできるんです。将来の夢なら幼稚園児でもありますよね。どこまで細かくゴールを分解するかは別として、せめて長期的目標は持っていたほうがいいです。

どうやって子どもに長期的目標を持ってもらうんですか？

子どもに聞いてみてください。折に触れて親が「**将来何になりたいの？**」とか「**夢は何？**」と聞けば、その度に子どもは考えますよね。すると脳内では、特定のネットワークを何度も使うようになります。

「そうそう、自分は科学者になるんだ」のように。現在の自分と将来の自分を対比させることを「**心理的対比**」といいますが[39]、この心理的対比をする機会を増やしてあげることが重要なんです。

なるほど。でも先生としては、お子さんに「**医者**」になってほしいという気持ちはないのですか？

自分が医者ですから、内心はどこかでそういう気持ちもあります（笑）。でも、**「なりなさい」とは絶対に言いません**。自分で決めたことでなければ熱中できませんし、親の過剰な期待は子どもの脳にプレッシャーを与えるのでよくありませんから。
ただ、『はたらく細胞』というマンガ[40]を熱心に読んでいて、「マクロファージ」とか「小腸のパイエル板」とかについて家で会話していますので、医者の仕事に興味がわく可能性はあります。

スゴイ会話だ。

ほかにも、「医者になるといろんな人を幸せにできる」「国境なき医師団に入れば世界中を回ることができる」「研究が好きなら研究に没頭することもできる」などと、医者の職業の魅力や可能性について伝えるようにはしています。

「なったらこんないいことがあるよ」というだけならプレッシャーにはならないですよね。

最終的には、子どもが自分の進みたい道を見つけてくれれば、親としては言うことはありませんよ。

一方で「何になりたい？」と聞かれても**答えられない子ども**もいるんじゃないかと思うんですよね。「なりたい職業ランキング」ってよくありますけど、本当の１位は「**わからない**」じゃないかと疑っているんですが。

鋭い。でも「わからない」でもいいんですよ。早くから将来の夢を決めないと、それになれないわけじゃないですし、本人はわからないなりにボヤッとしたイメージがあるかもしれない。

もし子どもが、将来の夢はわからないと言ったら、どうすればいいですか？

そういう場合は、子ども向けの「**職業図鑑**」みたいな本を家にさりげなく置いておくとか、いろんな仕事があることを普段の会話で教えるとか、やり方はあると思います。

なるほど。そういえば最近の子どもってYouTuberになりたいってよく言いますよね。うちの子が言い出したらどうしよう……。

今の子どもにとってはYouTuberが身近な職業ですから、そう思うのは当たり前かもしれません。
ちなみに最近は、コロナで医療現場が注目されていて、**医学部の志願者**も増えているそうです。

ニュースで見て憧れる子どもは多いでしょうね。

親としては、子どもの夢を尊重して、できる範囲で応援してあげればいいと思います。YouTubeがきっかけでコンテンツづくりに目覚めたり、映像や演劇の世界に興味を持ったりするかもしれません。また、何かに没頭することでやり抜く力が身につくことだってあるでしょう。その体験って絶対に無駄にならないんです。

努力をやめなければ失敗ではない

どうしても気になるのが、**何かに挑戦して失敗したときどうすればいいか**、なんです。受験がいい例ですけど、やり抜く力をつけさせるために挑戦させて、そこで挫折を経験して、逆に「あきらめる力」がついちゃったらどうしよう、と心配なんです。

それはたしかに心配ですよね。基本的な考え方としては、**挫折してもできる限り努力をやめないこと**だと思います。
実は私も、高校生のときに京都大学理学部を受験して落ちています。そのときはめちゃくちゃ凹んで悔しかった。そして医学部を再受験したとき、半年間の勉強で合格できたのも、過去の悔しさがものすごいバネになっていたことと、一度失敗したことを教訓にして対策を立てたことが大きかったと思います。

そうだったんですか……。

すごくベタな言い方をすれば、**努力をやめなければ失敗にならないんですよ**。中学受験で失敗して公立の中学校に進むことになったときに、周囲の大人がただ慰めるだけだとそれは失敗体験で終わるかもしれないけど、慰めつつも「高校受験で再チャレンジすればいいじゃないか」という雰囲気にもっていけるなら、チャレンジは継続

されるわけですよ。

解釈次第というわけですね。

そうなんです。

挫折を経験してもそれに負けないような、たくましい人に育ってほしいなぁ。

その気持ちはよくわかります。また、ここまでやり抜く力の話をしてきましたけれども、必ずしも1つのことをやり抜くことだけがエライというわけではありません。それとは別の考え方もあります。例えば、『やり抜く力 GRIT』とよく比較される『RANGE（レンジ）』という本[41]があるんですけど、こちらは「1つのことをやり抜かなくたっていいじゃないか。いろんなことを試してみて『**幅広い体験**』をすることでプラスになる場合も多いよ」という主張なんです。

私、過去に**6回転職した末にライターになった**ので、思いっきり「RANGE」派です。たしかに過去の経験が今に活かされている気がします。

すごく活かされていると思います。そもそも知的好奇心を**縦に深掘りしていけば「GRIT」になるし、横に広げていけば「RANGE」になる**と思うんです。脳からすれば「GRIT」も「RANGE」もどっちも正解。すでに紹介したように、超一流のスポーツ選手がその種目に絞り込むのが遅かったり[11]、ノーベル賞受賞者が本格的な芸術活動の趣味を持っている[12]のも、「RANGE」ですよね。

先生は、傾向としては「GRIT」と「RANGE」のどちらに近いですか？

私は、「RANGE」で横に広げていくのが基本で、これだと思ったものに対しては「GRIT」で深掘りしていく、という感じで組み合わせていると思います。私の趣味の活動がまさにそうですね。

よくわかりました。そうやって組み合わせるのがいいかもしれませんね。先生とは逆に、「GRIT」で深掘りするのが基本で、その周辺を「RANGE」で広げていく、というのもアリかもしれない。

いいですね。専門職の方は、そのような組み合わせも考えられますね。最後に、やり抜く力（GRIT）を伸ばす方法についてまとめておきます。

「やり抜く力（GRIT）」を伸ばすには…

- **家族で何かやり抜くことに挑戦する**
- **自分が興味を持ったことを、人生の大きな目標と結びつける**
- **大きな目標を小さな目標に分割し、それを達成していく**
- **小さな目標の達成を繰り返し、自信を持つ**
- **自分にはできないという思い込みをなくし、努力が重要だと意識する**

7

東大生はどうやって地頭を伸ばした？

「6つの力」の実践方法

東大生には意外な共通点がある

ここまで、「学校の成績を伸ばす6つの力」について、さまざまな研究をもとに解説してきましたが、いかがですか？

1つ1つはなるほどと思うものの、それぞれの力を全部伸ばそうと思ったら、やらなきゃいけないことがたくさんあって……。次の章で、自分の子どもにとってまず何をやればいいのかを判断する方法を教えてください！

わかりました、では第3章で。ところで、この章の最後では「6つの力」を兼ね備えているであろう「**東大生**」について着目してみたいと思います。

「東大生は並外れた**熱中体験**を持っている」とおっしゃっていましたね。

その通りです。私が監修した『東大脳の育て方』[42]から、東大生の共通点についてまとめてみました。

東大生の共通点

- 並外れた熱中体験がある（音楽、図鑑、スポーツ、ゲームなど）
- 自然に触れる、異文化に触れるなど、さまざまな体験をしている
- 親子で一緒にいろいろなことを体験している
- 親子仲が良好でコミュニケーションが多い
- 「勉強しなさい」と言われたことがない
- リビングルームで勉強している
- 本人も家族も規則正しい生活を送っている
- 勉強自体が好き。ただし効率を追求している

『東大脳の育て方』より

おお。勉強で無理やり知識を詰め込んだ感じはしないですね。しかも自分の意志でやっていて、親の存在がストレスになっていない気がします。

まさにそうなんです。子どものときに**勉強以外のいろんな体験**をしているし、家にいても安心感があるので**自分なりに試行錯誤をしながら勉強を楽しんでいる**感じがしますよね。もちろん東大生全員がこのような環境で育ったわけではないですけど、子育てのひとつのあり方としてヒントにはなると思いますね。

ヒントになりますね。ちなみにこの**リビングルームで勉強**って何ですか？

自分の部屋ではなく、リビングで勉強するということです。親とのコミュニケーションが多い子どもはリビングで勉強する傾向があると思います。私もリビング派だったのでよくわかるのですが、小さいときから生活音を聞きながら勉強するのが習慣になっていたので、リビングのほうが集中できたりするんですよね。むしろ**自分の部屋だと誘惑が多かったり**して、意外と集中できないものなんですよ。

そうなんですね。まだ娘に学習机を買っていないので、妻と相談してみます。

東大生が小学生のときかけられていた言葉

あと、雑誌で「東大生 174 人の小学生時代」という特集があったのですが、その中で、東大生が小学生時代に親からかけられていた言葉がまとめられていました[43]。とても参考になるので、紹介しておきます。

東大生が小学生のとき親からかけられていた言葉

- **「何でも好きなことをやっていいよ」**
- **「勉強は好きなときにしなさい」**
- **「自分の人生なんだから自分で決めていい。サポートするから」**
- **「勉強はやればやるほど伸びる。それが楽しんだ」**
- **「負けたら自分のせい。勝ったら人のおかげ」**
- **「パパ（ママ）は何があっても味方だ」**
- **「面白いね。よくそんなことに気がつくね」**
- **「あなたは努力しているから、誰かがきっと認めてくれる」**

『プレジデント Family 2016 秋号』より

これはイイ！　さっそく使ってみます。

失敗が許容される環境を作り、「しなやかマインドセット」を育むような言葉ですよね。私も取り入れようと思いました。

第3章

読み聞かせ、運動、英語 いつからやる？

脳の成長のロードマップ

1

赤ちゃんのときからできること

「愛着形成」と「読み聞かせ」

脳の成長段階と「やるといいこと」

前章では、「学校の成績を伸ばす６つの力」についてお話しをしました。最新の研究も踏まえて調べたところ、「**実行機能**」「**知的好奇心**」「**創造性**」「**コミュニケーション力**」「**自己肯定感**」「**やり抜く力（GRIT）**」の６つが学力と関係している、という話でしたね。

欲張って６つ全部伸ばそうとしたら大変なことになりますよ。自分の子どもにとってまず何をやればいいのかが知りたいです。

子どもの年齢によって、脳の中でどの能力が伸びやすい時期なのかが決まっているので、まずは脳の発達の流れを押さえるといいでしょう。生後すぐから後頭葉と側頭葉が発達し、**３歳頃には見る・聴く**が大人同様にできるようになります。**３〜５歳頃**には脳の中央にある頭頂葉が発達し、**運動野**が成長。そして最後に**思考や感情、言語やコミュニケーションを司る前頭葉**が成長していきます。

脳の後ろのほうから発達していって、発達のピークは12歳前後なんですよね。

その通りです！　この流れを踏まえると、何歳頃で何をやればいいのか、が見えてきます。次の図にまとめますね。

子どもの年齢とそのとき何をやるべきか

親子の愛着形成
0 歳頃から

本の読み聞かせ
1 歳頃から

知的好奇心を育む
2 歳頃から

運動・楽器の演奏
3 〜 5 歳頃から

英語（第二外国語）の習得
8 〜 10 歳頃から

コミュニケーション
小学生・中学生

ちなみに、これらは「始める目安」であって、この年齢を過ぎたら手遅れという意味ではありませんから注意してください。

よくわかりました。うちの娘は 4 歳だから、運動や楽器の演奏を始めるのにちょうどいい年頃ということですね。

そうです。「脳がそういうことを吸収しやすい時期に入りましたよ」ということです。それではまず、「**親子の愛着形成**」と「**本の読み聞かせ**」を解説しましょう。

しゃべれなくても伝わっている

まずは「**親子の愛着形成**」。赤ちゃんのときに親からたっぷり愛情を注がれると、脳の成長によい影響があります。これを専門用語で**愛着形成**（アタッチメント）と言います。0歳から始められるんです。

しゃべれない時期ですよね。影響があるんだ……。

そうなんです。ある研究によると生後4カ月以内に養子に迎えられた子どもは、生後8カ月以降に養子に迎えられた子どもよりも、その後の問題行動が明らかに少なかったそうです [1]。

つまり、生後4カ月以内に養子に迎えられたほうが、愛着形成がスムーズだったということですか。ほぼ実の子のように育てられた、ということ？

そういうことですね。生後3カ月の乳児を対象にしたこんな研究もあります。赤ちゃんってお風呂から出されると軽度のストレス反応を見せるんですけど、赤ちゃんのケアが上手なお母さんと、そうではないお母さんで比べると、前者の赤ちゃんのほうがストレスからの回復が良好だったんですね [2]。

普段からちゃんと親がお世話をしていると、赤ちゃんもストレスの影響が少ないということですか。

言葉は通じなくても愛情は伝わるんです。それが脳にとってもよい環境になり、結果的に脳の健やかな成長を促し、自己肯定感や、挑戦意欲などが育まれていくと考えられます。

なるほどなぁ。子どもに全力で愛情を注げる時期なんてわずかしかないと思って、小さい頃は仕事を多少セーブしながら娘と過ごす時間を確保してきたんですけど、科学的根拠があったわけですね……。なんか涙出てきた。

素晴らしいことだと思いますよ。子どもと過ごす時間が限られてしまう家庭は多いと思いますが、せめて子どもと過ごせる時間は、大切にしたいですよね。

生身の人間が読んだほうが発達を促せる

子どもが1歳頃になったら、始めたいのが「**本の読み聞かせ**」です。

やってます！

絵本は、言語野や前頭前野の発達のために最高の教材です。親が普段から積極的に話しかけることも重要ですけど、絵本には普段の会話で使わない語彙がたくさん含まれていますからね。

そういえばYouTubeには「読み聞かせ動画」があって、多くの場合許諾を得ていない違法なものらしいです。

違法なものは子どもに見せないほうがいいですが、そもそも動画よりも生身の人が読んだほうがいいんですよ。言語の習得は単に音を模倣するのではなく、**知覚**、**認知**、**社会的能力**などが幅広く使われている可能性があるという研究があります[3]。その論文では、乳幼児の母国語の習得はテレビやDVDなどよりも、生身の人間が行うほうがよいと結論づけていますね。

へぇぇ。

同じ親の声でも、録音したものと生の声では脳の反応が違うと言われています。生身の人が読んだほうが、先ほどの愛着形成にもつながりますよね。

あ、そうか。

赤ちゃんは生後6〜12カ月の間に母国語のヒアリング能力（音声知覚能力）が伸びることがわかっています[3]。なので、読み聞かせは生後半年から始めてもいいんです。

絵本を破ろうとするから大変ですけどね（笑）。

そうかもしれません（笑）。

ちなみに、私がやっている読み聞かせって、一方的に読むんじゃなくて、登場人物の気持ちを子どもに尋ねたり、描いてある絵について補足の説明を入れたり、絵の中から何か探してもらったりしながら読むようにしているんですよ。考える力も鍛えられるし、子どもがしゃべる機会も増える。これって脳の発達的にはどうですか？

ダイアロジック・リーディング（対話式読み聞かせ）ですね。脳にすごく刺激が入りますよ。欧米だと主流ですけど、日本はまだまだ一方通行型で読み聞かせをやることが多いですよね。

そうなんですよね。物語を楽しめば本が好きになるという考え方も理解できるので、子どもが物語に没頭したがっているときは一方通行で読みますけど、対話でいろいろ考えさせながら読めば「本ってこうやって考えながら読むんだ」ってわかってもらえる気がするんです。

素晴らしい。そもそも子どもを本好きにしたいなら、とにかく「親が本を読む姿」を見せることですよ。そして子どもが字を読めるようになったときから読書を習慣づけていく。私の家では寝る前に家族全員、それぞれ好きな本を読むことを習慣にしているので、子どもはすっかり本の虫です。

へぇぇ。賢そうだなぁ。

やっぱり本っていいですよ。実行機能が鍛えられるし、語彙や知識が増えるし、共感性も上がるのでコミュニケーション力も鍛えられます。読めば読むほど脳内のネットワークが増えていきますからね。

読書をする子どもほど学校の成績がよいというデータはあるんですか？

ありますね。例えば、楽しんで読書をしている群は、読書をあまりしない群より**英語**、**数学**、**理科**、**歴史**の成績がよかった[4]。3～4歳で読書を始めた子どもが将来的に優秀な学業成績を修める割合は、6歳以上になるまで読書を習慣化していなかった子どもと比べて大きい[5]。

そうなんですね。よし、今日から本を読むときは、仕事部屋ではなくリビングで、子どもの目の前で読むことにします！

小学生になって1人で本を読む習慣を身につけるためには、「**学習マンガ**」もオススメです。文字だらけの本がニガテという子どもでも、学習マンガなら面白がって読む場合も多いですし、最近は定番の歴史マンガ以外にも科学マンガなど種類も豊富です。また、名作小説に挿絵をふんだんに使ったシリーズも人気だそうです（次ページ）。

ほ～ 親が読んでも面白そうですね。

学習マンガのメリットは、歴史や文学の名作などの概要をマンガで簡単につかんでおくと、あとでそれらを学ぶときに頭に入りやすくなるということです。また、そうやって同じ内容に何回も触れることで、「**単純接触効果**」によりその対象を好きになることも多い[6]。そして、好きになることで内容を覚えやすくなることもわかっています[7]。単純接触効果は心理学やマーケティングの世界の言葉で、またのちほど解説しますね。

学習まんがとイラスト豊富な小説

小学館版
学習まんが
少年少女
日本の歴史

角川まんが
学習シリーズ
世界の歴史

かがくる BOOK
科学漫画サバイバル
シリーズ
（朝日新聞出版）

10 歳までに
読みたい
日本名作／世界名作
（学研プラス）

2

2歳からインプットを増やそう！

「知的好奇心を育む」と「運動・楽器の演奏」

子どもは模倣で育つ

続いて、2歳頃から始めたい「**知的好奇心を育む**」、そして3～5歳頃から始めたい「**運動・楽器の演奏**」を順番に紹介しましょう。

知的好奇心こそ脳の成長の原動力だとおっしゃっていましたが、2歳頃から始められるんですね。

2歳頃になると、子どもは他者を自己とは独立した内的状態を持つものとしてとらえるようになります[8]。

もう少しわかりやすく……。

自分と他人が違うことを理解して、外の世界に意識が向き始める時期なんです。だから、「君の知らないこんな世界があるんだよ」というインプットを増やしてあげることが大事なのです。そして、本や映像などでインプットした「仮想の世界」の情報を、「現実の世界」と結びつけてあげるとさらに効果的です。

図鑑をうまく使えばいいという話でしたよね。そして、興味を持ったら実際に連れて行って、リアルな体験をさせてあげる。

そうです。図鑑などを見せて興味を持ってくれなくても、すぐにあきらめる必要はありません。先ほども登場した「**単純接触効果**」により、最初はあまり興味を持たなかったとしても、折にふれて何度か一緒に図鑑を読んでいると、だんだん好きになるということが実際に起きます。

へぇ〜！

このとき、脳内ではどのようなことが起きているのかというと、同じ情報に繰り返し接触すると特定のネットワークが何度も使われて太くなっていくんです。すると、情報処理の効率が上がり、対象に慣れ、親近性が増していきます。この親近性の高まりが、その対象自体への好ましさだと脳が勘違いを起こすと言われています[6]。そして、好きになると覚えられる[7]。

そうなんですね。
図鑑は場所をとるからあやうく売るところだった。

もったいないです（笑）。図鑑はいろんな情報が効率よく収められているので、子どもの知的好奇心を引き出すのにとても役に立ちますよ。
また、親が趣味などに熱中している姿を見て、子どもも同じことを始めることがよくあります。これも脳の働きから説明することができます。

そうなんですか？

人の脳には「**ミラーニューロンシステム**」と呼ばれる機能があります。ほかの人の動作を目にしたときに、その情報がミラーニューロンシステムに送られると、少し時間をおいたあとでもちゃんと記憶していて、その動作を「**模倣**」できるんです。これ、赤ちゃんもできるんですよ。生後 12 カ月の乳児にある動作を見せてあげたら、4 週間も経ったあとでもその動作の模倣ができたという研究があります [9]。

へぇ〜〜！！

もう 1 つあります。心理学で「**プライミング効果**」と呼ばれるもので、先行情報がその人の判断や行動に影響を与えるという効果です。有名な研究では、高齢者をイメージする語句をプライミングされた被験者は、退出時の廊下を歩くスピードが遅かったというものがあります [10]。言葉などで刷り込まれるだけで行動まで変わってしまうということですね。

私もヤクザ映画を観た直後は肩で風を切って歩いている気がする(笑)。

まさにそれですね（笑）。脳は 1 つしかないから入ってきた情報から影響を受けてしまうのは自然なことなんですよ。
この「ミラーニューロンによる模倣」と「プライミング効果」の 2 つを考えると、子どもに何かしてほしかったらそれを大人が「やってみせる」ことがいかに重要かわかると思います。**子どもは模倣で育つんです。**

逆に言えば、親が四六時中スマホをいじるかテレビを観るかだと、子どももそうなってしまうかもしれないということですね。

それを模倣してしまう可能性があると思います。それよりも、親が趣味に熱中している姿を見せるほうが、よっぽど子どもの知的好奇心を引き出すのに役立ちますよ。

趣味なら任せてください！
子どもが見ている前でやりますよ。

心拍数が上がれば「鬼ごっこ」でも運動になる

次は、3～5歳頃から始めたい「**運動・楽器の演奏**」です。

運動ってやっぱり、体操教室やスイミング教室に通わせたほうがいいんでしょうか？

子どもにとってそれが楽しいなら、通わせてあげてください。そうでなかったら、公園で鬼ごっこをするだけでもいいです。要は、**心拍数が上がることが重要なんです**。

じゃあ走るだけでいいんですか？

その通りです。運動って、脳にとってよいことばかりなんですよ。実行機能もアップしますし、不安が低減するのでメンタルも安定します。

例えば、思春期前の子どもを対象にした調査では、体力（心肺機能、筋力、俊敏性など）が高い子どもは、体力が低い子どもより両側の海馬体積が大きく、記憶力が優れていたという研究があります [11]。

へぇぇ！！　衝撃的かも……。

昔から「**文武両道**」って言いますよね。あれは脳科学的に見ても正しいんです。私からすれば勉強も運動もまったく一緒。運動をしたから英単語を覚えられるわけじゃないけど、器としての脳は確実に成長していきます。

賢くするために外遊びか。
そんな発想なかったです。

そもそも、運動習慣があると小児肥満を防止できますよね。ある調査では、子どもの肥満は海馬体積を減少させることがわかっています [12]。大人もそうですけど。また、学齢期の子どもを対象にした研究で肥満がある子どもほど頻繁にテレビゲームで遊んでいるという研究もあります [13]。

ゲゲッ！

最近はテレビゲームも「**eスポーツ**」と呼ばれるスポーツのジャンルとして認識されるようになり、「ゲームでも頭がよくなるんじゃないか？」と思われるかもしれません。もちろん、その可能性は十分にあるんですけど、ゲームのやり過ぎで運動不足になって肥満体形になったら、脳にはマイナスの影響が発生するかもしれないんです。

ゲームのやり過ぎで太って海馬が縮んだらやだなぁ。

運動が学力の向上によい影響を与えるという研究もあります。例えば、思春期前の子どもでは、事前に中強度の運動をするとその後の注意力が改善し、学力の向上が見られた[14]、高負荷の運動が学習成績と記憶を向上させることが明らかになった[15]、などです。要するに、「**運動すれば脳が育つし、脳のパフォーマンスが上がる**」ということですね。

それなら覚えられる（笑）。

ちなみに、ある運動技能を習得させる前にランニングなどの運動をさせておくと、技能の習得によい影響が見られ、さらに長期的にその技能を記憶する効果もあったという研究があります[16]。

つまり？

子どもが自転車の練習やなわとびの練習をするときは、公園で鬼ごっこをしたあとでやれば効果が高い可能性がある、ということですね。ちょっとした子育てハックです。

それはいいこと聞いた！
ちなみに運動に適した時間帯とかあるんですか？

理想的なのは朝ですね。**朝食前**に運動すると夕方に同様の運動をするより日中の代謝量が増加するというデータがあります[17]。つまり肥満予防の観点からいいわけです。また、運動後に注意力がアップするという話を加味しても、やはり朝がいいでしょう。

じゃあ、朝ちょっと早めに家を出て、保育園への道すがら公園で遊んでもいいのか……。どうせ朝って、時間に余裕があってもYouTubeにかじりついているだけだし。

それはめちゃくちゃいいです。大人もちょっとした運動になるので、日中の原稿書きがはかどるでしょう。

よーし、やるぞー！

楽器は運動と同じぐらい脳にいい

運動と同様にやってほしいのが楽器の演奏です。

私のイメージでは、子どものときにピアノを習っていた人は頭がよい気がします。

まさにそうですね。**楽器演奏**を通して脳の空間認知や実行機能、言語領域などさまざまな部位が活発に動き、脳の発達を促進させるという研究があります[18]。しかもそれを心の底から楽しんでいれば、知的好奇心も育むことができる。

なるほど。ただ楽器って始めるハードルがちょっと高くて、親が無理やりやらせているっていうパターンも多そうですよね。

そうですね。それだと長続きしづらいですし、過度なストレスがあると脳の発育が阻害されたりするので、やはり自分がやりたくて取り組むのがいいです。物心がついたときから楽器が身近にあって、親が楽器の演奏を楽しんでいる環境が理想ですね。今はほかに興味

が向いていても、近い将来、「パパ、私も楽器やりたい」と言い出す可能性が高くなると思います。

そうなるといいなぁ。

そもそも音楽を聴くだけでも脳にいいんです。音楽が耳から入ってきてそれを脳が処理するときって、実はかなり高度で複雑な処理をしないといけないんです[19]。音のピッチや音色、音の強さ、リズム、メロディーなどを分析しつつ、それによって情動が刺激されたりするわけですからね。

そんなにたくさんのことを一瞬でやっているわけですか。うちの子、楽器はなかなかやらないですけど、最近は**即興で童謡《どうよう》の替え歌**をよく歌っています。

それも非常に頭を使うでしょうね。楽器を習わなくても、そうやって音楽が身近にあることが大切だと思います。
運動と楽器の演奏は、大人の脳にとっても非常に重要なので、次の章でもまた詳しく解説しますね。

子どもが興味を持ったので川を見に行きました

編集者Ｔです。瀧先生から、図鑑や本で子どもが興味を持ったら実物を見に行くのがよいと教わりました。

息子が塾の理科の授業で、「川の上流のほうにある石は大きく、下流のほうにある石は小さい」と習ったのですが、「川なんて見たことがない」と言うので、それではと思い、電車に乗って多摩川の上流と下流を１日で見に行きました。

ちょっとした旅行のようになり、子どもも満足していました。「知的好奇心を刺激するとはこういったことなのかも」と感じました。

3

小学生になったら「伝える力」を伸ばす

「英語の習得」と「コミュニケーション」

英語は8〜10歳頃から！

続いて、8〜10歳頃から始めたい「**英語（第二外国語）の習得**」、そして小学生・中学生で始めたい「**コミュニケーション**」について解説します。

日本の小学校って、英語の授業が5年生からだったのが、3年生からやるようになったんですよね。3年生って8〜9歳だから、ドンピシャじゃないですか？

そうなんです。これはわかりやすいデータがあって、アメリカにやって来たアジア系移民を対象にした調査で、移住した年齢ごとに英語テストのスコアを調べたところ、**3〜7歳**のときに移住した人はネイティブと同等だということがわかりました[20]。ほぼ現地人として育ったわけですね。

グラフにすると次ページのようになります。**8〜10歳**でちょっとだけ下がり、11歳以降になるとガクンと下がり、17歳以降はさらにガクンと下がるんです。

アメリカに移住した年齢と英語力

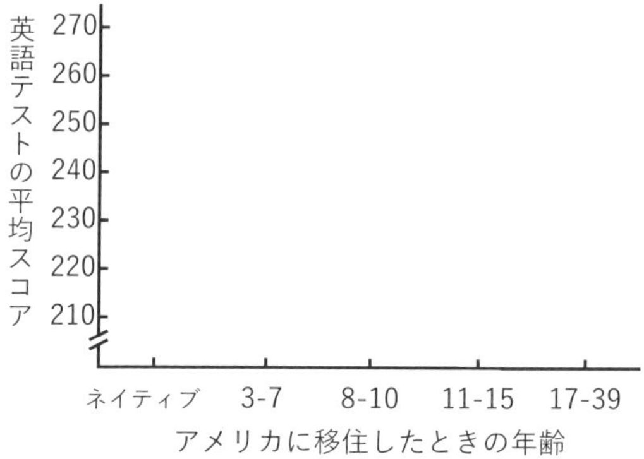

出典：Johnson J. *et al.*, Cognitive Psychology, 1989 より改変

だから 8 ～ 10 歳頃から始めるのがよい、というわけですね。

「3 年生で英語は早くないか？」という意見もあるようですが、5 年生（11 歳）と 3 年生（9 歳）の差ってけっこうあるんです。

実は私、今は日本語で原稿を書いて飯を食っていますけど、**帰国子女**なんです。

そうなんですか！

はい。10 歳のときにアメリカに行って、私は現地の小学校、2 歳上の兄は中学校、親父は日系企業で働いたんですけど、ネイティブ並みに話せるようになったのは私が一番先でした。親父なんて結局海外でのべ 10 年以上働いたはずなのに、最後まで「日本語英語」のままでしたね。

まさにそれなんですよ。ちなみに、もっと小さい頃から現地で暮らしていた日本人の友達はいました？

いました。そういう人は、英語はペラペラでも**日本語が逆におぼつかなかったり**して。

そういうこともあるかもしれません。

だから私の経験上も、8～10歳頃から英語を始めるとよいというのは、めちゃくちゃ納得感があります。

裏づけありがとうございます（笑）。別の研究でも、思春期（11～12歳）を過ぎると第二言語でネイティブ並みの能力を獲得できなくなるという「**年齢限界**」が存在するという可能性が指摘されています[21]。もちろん手遅れというわけではなくて、何歳からやっても伸びるわけですが、1つの目安として8～10歳頃というのを覚えていただければと思います。

娘にはYouTubeを見るときに英語のコンテンツを交ぜたり、何か遊びのついでに英語を教えたりしているんですけど、それも効果はありますか？　もちろん日本語をちゃんと話せるようにすることが前提ですけど。

耳を慣らしておくことになるのでとてもいいですよ。今後ちゃんと英語を学ぶ時期になったときに、耳が慣れていればすんなり情報が入ってきますから、有利になると思います。ぜひ続けてください。

お墨つきもらった！

子どもの「共感性」が年々下がっている

次はコミュニケーションです。母国語を身につけるために赤ちゃんの頃から話しかけることが大切だという話をしましたが、小学生・中学生では、言語の習得だけでなく、共感性、社会性、感情認知に関わる脳の領域に刺激を与えるためにもコミュニケーションが重要になってきます。

脳における共感性って具体的にどういうことですか？

私たちが普段、「共感する」という言葉を使っているのと同様に「**個人の間で感情を共有する**」という意味と、「**自分以外の他者の視点で物事をとらえる**」という意味の2つがあります[22]。これがまた脳のいろんな領域を使うんですよ。

へぇ。

私は親子のコミュニケーションは本当に大事だと思っているんです。というのも、子どもたちの共感性が、特に2000年以降、年々低下しているんです[23]。

2000年に何があったんですか？

ゲームやスマートフォンなどのデジタル機器、SNSなどのツールが子どもたちの生活に入り込んできたことが大きいと考えられます。それに伴ってリアルな会話の機会が減り、ソーシャルスキルが低下していったのではないかと。

ああ……。

生活スタイルが変わったので仕方のない面もあるのですが、そうはいっても小学生や中学生のように脳がグングン発達するときにリアルなコミュニケーションの機会が減ってしまうと、どうしても影響が出るんですね。

私が子どものときって放課後は基本的に外で友達と遊んでましたけど、たしかにあの時代にNintendo SwitchとかYouTubeがあったら間違いなくハマるだろうなぁ。それにコロナ禍でリモート授業なんてやってたら、さらに共感性が落ちそうですね。

その可能性は否定できないと思います。さまざまな場面でリアルなコミュニケーションが減っている現代だからこそ、**家族での会話**がますます重要になるんです。小学生や中学生だと家で個室が与えられるようになり、思春期になれば親と話したがらなくなるかもしれませんが、会話の機会を持ってもらいたいですね。

何歳になっても話したいです。

4

「睡眠」と「食事」の影響はこんなに大きい

生活習慣で脳を成長させる土台を作る

子どもの脳のために「よくないこと」

先ほどの、リアルな会話が減って共感性が下がるという話じゃないですけど、子ども脳の成長にとってよくないことってけっこうあるんじゃないですか？　肥満も海馬の体積を縮小させてしまうんですよね。

その通りです。ここまで、何歳でこんなことをしたら脳のその能力が伸びやすいかという話をしてきましたが、忘れてはいけないのがすべての年代に共通する「**生活習慣**」なんですよ。いくら脳を刺激したって生活習慣が乱れていたら力を発揮できないし、成長が阻害されることもありますからね。

確かに。第１章でも生活習慣の話はしていましたね。

生活習慣で特に大事なのが**睡眠**と**食事**です。

よく眠る子どもほど海馬の体積が大きいんですよね！

その通り。睡眠は、ストレスを軽減したり成長ホルモンを分泌させたりと、子どもにも大人にも重要な役割がたくさんあります。また、

小学生から高校生までを対象にした調査では、睡眠の質、睡眠時間、眠気のいずれもが、子どもの学業成績に影響を与えることがわかっています[24]。夜遅くまでゲームしたり、徹夜で勉強するよりも、絶対に早く寝たほうがいいです。

それってどういう仕組みなんですか。眠いと頭が働かないから？

それもあるでしょうね。睡眠にはよく知られているように、眠りの深い「**ノンレム睡眠**（徐波《じょは》睡眠）」と、眠りの浅い「**レム睡眠**」があります。寝てすぐは深い睡眠がメインで、あとのほうが浅い睡眠がメインです[25]。で、ノンレム睡眠とレム睡眠にはそれぞれ別の役割があるんです。

へぇ。

まず、深い睡眠の役割は、私たちが昼間に覚えた情報を記憶として統合・固定することです[26]。イメージとしては、日中メモ帳にバーっと殴り書きしておいた情報を改めて台帳に清書するみたいなものです。

窓口が閉まったあとの銀行員みたいなことをしているんですね。

そんな感じです（笑）。清書をするから長期記憶として残るんです。

でも、睡眠の前半にそんな大事なことを終えているのなら、睡眠時間が短くても平気なんじゃないですか。

いや、後半のレム睡眠も大事なんです。レム睡眠のとき夢を見るんですけど、このレム睡眠によって、**感情**がコントロールできるようになったり、**創造性**が高められたりするんです。

感情をコントロール？

そうなんです。感情を司る「**扁桃体**」は恐怖や不安や苦痛といったストレスを感じると活性化するんですけど、レム睡眠のときにこの扁桃体の過活動を抑える動きがあるんですよ [27]。感情を揺さぶられるような出来事があっても、レム睡眠をきちんととっていれば、穏やかな気持ちで朝を迎えられる可能性が高まるわけです。

あ……そういえば寝不足のときってイライラしやすいかも。

そういうことです。ストレスは海馬を萎縮させますから、毎日レム睡眠をちゃんととって扁桃体をクールダウンさせることが、賢い脳を作ることにつながるんです。
もう１つの創造性については、十分なレム睡眠によって数学の問題の解答率が上がったという研究があります [28]。

第２章の創造性の話と同じですね。

そうです。創造性って「**いろんな情報を組み合わせる力**」のことですから。レム睡眠によってそれが高まると言われています。
少し専門的なことを言うと、レム睡眠の最中に海馬と大脳新皮質のネットワーク結合が変化し、結果として「**新しい記憶**」と「**過去の記憶**」が新たに組み合わされると考えられています。要は脳の中の配線を入れ替える作業をするんです。

ノンレム睡眠が「データの保存」で、レム睡眠が「データの整理」みたいなもの？　あ！　だから夢ってその日にあった出来事と過去の出来事が交ざったりするのか。

夢の中で時系列がぐちゃぐちゃになりやすいのはそういう理由があるんです。私もこの前、仕事でその日に出会った人と大学時代の同級生が夢の中で友人という設定でした（笑）。

あるあるですね。

そんなわけで、レム睡眠をしっかりとることで新しい知識が自分の血となり肉となって活用しやすくなるわけです。

「徹夜で勉強」を成功体験にしてはいけない

睡眠めちゃくちゃ大事ですね。寝る子は育つという意味がよくわかりました。ちなみに、子どもって年齢によってどれぐらい眠るといいんですか？

全米睡眠財団によると、子どもが心身の健康を保つためには、以下の睡眠時間を推奨しています[29]。できる範囲でいいので、これを目安に規則正しい生活サイクルを作るといいと思います。

子どもの理想的な睡眠時間

- **学齢期（6～13歳）：9～11時間**
- **思春期（14～17歳）：8～10時間**

わかりました。中学受験に関する本を読んでいると、睡眠時間を削って勉強するのはよくないって書いてあるんですけど、そういう意味なんですね。

避けたほうがいいですね。脳の健康だけでなく、そのときの体験が子どものなかで「基準」になってしまうからです。「**結果を出すには徹夜をするしかないんだ**」って思うようになってしまう。

そういうことかぁ……。私は受験のとき、「質より量」でとにかく長時間勉強していたんですけど、今でも徹夜で仕事をしてしまうんです。昔の体験に引きずられている可能性があるわけですね。

もし徹夜で勉強して合格したら、それが「**成功体験**」になってしまって大人になっても繰り返してしまうかもしれません。
私は逆に、昔から「量より質」で、大学受験のときでさえ毎晩9時半に寝ていました。1日3時間以上勉強したこともないです。脳の仕組みを知っていたわけではありませんが、長時間やっても集中力が続かないし、徹夜をしても記憶に定着しづらいことが感覚的にわかっていたんでしょうね。

短時間ですごく集中していたわけですか……。

その代わり、お盆も正月も勉強をしなかった日はないです。試験前だけ勉強をしてよい点をとるなんて器用なことはできなかったので、私は**毎日、毎日、習慣としてコツコツやり続けるしかなかった**。そしてたっぷり睡眠をとった。それが結果としてよかったのかもしれません。

何気に今の話って、子どもを賢くするための核心じゃないですか。

そうかもしれないですね。勉強を習慣化する。勉強するときは短時間で集中する。空いた時間で趣味活動や運動をいっぱいして、たっぷり寝る。

先生の勉強法については、別の章でしっかり聞きたいです。特にどうやって習慣化するか、ということが知りたいです。

わかりました。第５章でお話ししましょう。

やったー！

あと、「睡眠の質」も重要なんですけど、睡眠の質を上げる一番の方法って何かわかります？

前日徹夜する。

確かに徹夜した直後はよく眠れるように感じるかもしれませんが、実は１日でも徹夜するといわゆる「睡眠負債」がたまり、何日間も睡眠の質を下げてしまうんです。

ええっ！ 逆だったんだ……。

睡眠の質を上げるためにやるべきなのは、**運動**です。日中にしっかり体を動かしていれば、睡眠の質は自然と上がります。

娘も保育園で外遊びをした日はよく寝ますね。じゃあ、雨で外遊び

ができなかった日は、家で体を動かして遊べばいいんですか？

できる範囲でやってほしいです。ただ、寝る前に激しい運動をすると、逆に睡眠の質を下げてしまうと言われています[30]。目が覚めてしまったりするんですね。
同様に、寝る1時間前にはスマートフォンやパソコンは使わないほうがいいです。画面から出るブルーライトの影響でやはり目が覚めてしまうんです[31]。

寝る直前までYouTubeを見るのはよくないんですね！

食べないほうがいいもの

食事については、やはり栄養バランスのとれた食事を3食きちんととる、ということに尽きます。ほかにポイントを挙げるならば、食事が睡眠の質に影響を与えるということですね。

そうなんですか？

例えば、牛乳と、高炭水化物食は、それぞれ睡眠の質を上げると言われています[32][33]。牛乳に含まれるトリプトファンというアミノ酸の一種が、睡眠ホルモンのメラトニンの材料になるんです。当然カルシウムも豊富だし、子どもが牛乳を飲むって本当にいいことですね。

へぇ。逆に睡眠の質を下げる食べ物もあるんですか？

砂糖と肉の過剰摂取です[34][35]。食べてはダメというわけではなく、寝る前に食べ過ぎてはいけないということです。まあ、寝る前にお肉をドカ食いする子どもって滅多にいないと思いますけど、甘いお菓子は注意したいですね。もし子どもが夜にお腹が空いたと言ったら、**牛乳とおにぎり**がいいかもしれません。

パンじゃなくておにぎりのほうがいいですか？

パンがダメというわけではないのですが、**菓子パンは避けたほうがいい**ですね。朝食のデータなんですけど、朝に白米を食べている子どもと菓子パンを食べている子どもを比較すると、白米派のほうが脳の発達が進んでいると考えられているんです [36]。どうやら、菓子パンだと血糖値の上がり下がりが急になり過ぎることが脳の発達によくない、という可能性が考えられています。

実は、毎朝パンを食べさせているのですが……。

菓子パンを毎朝の主食にしていなければ大丈夫ですよ。それに、まずはちゃんと朝食をとって、脳にエネルギーを行き渡らせることが大事。たまに白米を朝食にする日があればなおよいのでは。

そ、そうですね。

あとは**食事の品目の多さ**も大事ですね。食事の品目が多いと海馬の機能の維持によい影響を与えるという研究もあります [37]。メニューで言えば、やっぱり魚と野菜たっぷりの味噌汁と白米と果物みたいな和食の献立がいいですね [38]。
魚って本当にいい食材で、魚に含まれるDHAなどの長鎖不飽和脂肪酸が海馬のニューロン新生を促進すると言われています [39]。

なるほど。そういえば、菓子パンってカロリーが高いから、そういうので手っ取り早く朝食を済ましていると、品目が少なくなっちゃってよくないのかもしれません。でも、食事で品数を増やすのって大変なんですよ……。

あくまでも理想なので、品目が少ないなと感じたら、「あと１品、何か足す」ということから始めてみるといいと思います。

それならできそうな気がします。

以上が、子どもの脳にとって重要な睡眠と食事の話です。当然、大人にとっても睡眠と食事は重要ですから、第４章で改めてお話ししますね。

5

ゲーム、スマホのやり過ぎを防ぐ

「やめられない」のは依存症

デジタル体験は不可欠な時代だが…

生活習慣といえば気になるのが、やはり**ゲーム**や**スマートフォン**、**YouTube**など、デジタル機器やインターネットのコンテンツの影響です。リアルなコミュニケーションの機会が減るという話でしたが、個人的にはデジタル技術がこれだけ進化したんだから、**その流れに逆らわずツールを使いこなせるようになってほしい**と思っているんです。

おっしゃる通りで、子どもにデジタルツールを使わせないことは現実的な選択肢ではないでしょうね。

こういったものに**没頭**するのは、脳にとってよくないことばかりなんですか？　子どもたちも一応、「**熱中**」してるじゃないですか。例えば友達にゲームで勝つために練習をしたり、頭を使って工夫をしたりするのは、「知的好奇心」だし「熱中体験」ですよね？

確かにそうです。ただし、ゲームやスマートフォンで気をつけたいのは、**中毒**になりやすいことなんですよ。

中毒？　タバコとかアルコールみたいに？

そうです。「自分が好きだからやる」というより、「**中毒になって脳がそれを求めるからやる**」ようになってしまったら、もはや“病気”なんです。例えば、ゲームをやめられない脳になってしまうことを**ゲーム症**（もしくは**ゲーム障害**）と言います。世界保健機関（WHO）の判定基準では、大人の場合、以下のような状態が12カ月続くと、ゲーム症と見なされます。

ゲーム症の判定基準

以下のような状態が12カ月続く場合

- **ゲームをする衝動が止められない**
- **ゲームを最優先してしまう**
- **何か問題が起きてもゲームを続けてしまう**
- **個人、家族、社会、学習、仕事などに重大な問題が生じている**

12カ月か。新作ゲーム発売後、1週間だけ廃人になるほどゲームをやるみたいなのはセーフなんですね（笑）。

そうです（笑）。ただ、幼少期は脳のネットワークが柔軟に変化するので、大人と比べて依存症の進行が早いんです。なので、すべての症状に当てはまり、かつ重症なら、短期間でもゲーム症とみなすようになっています。

ゲームのやり過ぎで実生活に支障をきたすことが問題なんですか？

それだけではなくゲームのプレイ時間が長いほど**脳発達が遅れる**可能性があるという研究もあります[40]。具体的には、実行機能、モチベーション、記憶の認知に関わる領域の発達の遅れが示唆されています。

ええ！　でも子どもに人気のマインクラフトなんて、めちゃくちゃ頭使うし、創造力も伸ばせるし、プログラミングっぽいこともできるので、いつか娘にやらせてあげたいと思っているんですけど。

もちろん、ゲームによって脳のある領域が鍛えられることはあると思います。ただ、「**やり過ぎ**」は脳の成長にとってマイナスな影響が増えてしまうんですね。実行機能の自制心を鍛えるためには規則を作ることが大切だと言ったように、1日2時間とか、夜何時まで、みたいなルールをちゃんと決めてやれば問題はないと思います。

そうか、デジタルのリテラシーの中には自制心を身につけることも含まれるのか……。

四六時中ネットでつながるのも「依存症」

ネット依存も同じで、LINE、インスタグラム、ツイッター、TikTokのような**SNS**にハマってしまって四六時中見ている状態も、やはりWHOが疾病として認定しています。

現代人ほとんど病気じゃないですか（苦笑）。

そうなってしまう可能性は誰もが抱えているということです。なぜネットがやめられないのかについては、『スマホ脳』[41]という本をはじめ、さまざまな論文[42][43][44]で考察されています。以下にまとめてみました。

ネットがやめられない仕組み

①人にはそもそも「新しい情報を見たい・知りたい」という情報探索行動がある（これは食べ物を探す、獲物を探すなどの報酬探索行動ともつながっている）

②「見たい・知りたい」といった感情を生み出すのは「期待」。期待を持つと脳内で報酬ホルモルであるドーパミンが放出される

③「期待」が満たされると興味が失せ、次の行動に向かう

なるほど。「**期待**」が満たされたらそれで終わりではなくて、すぐ次のものを見つけようとしてしまうのですね。

はい。ワクワクが長続きしないんです。「見たい・知りたい」が満たされるまでがピークで、次の瞬間、別のことを「見たい・知りたい」って思うわけですよ。だから終わりがない。

ウィキペディアの無限サーフィンなんてまさにそれだ（笑）。

そうそう（笑）。子どもがYouTubeを見続けるのももしかしたら脳が「新しい情報をゲットしたい！」という感情に突き動かされている可能性が高いんです。依存症に近い場合もある。

でも「**見たい・知りたい**」って、先生が大事だとおっしゃっている知的好奇心じゃないんですか？

確かにそうなのですが、「**対象を好きかどうか**」が重要なのです。好きでもないものをひたすら探して見続けていたら、依存症に近い可能性があるということです。その見極めは親がやらなくてはなりません。

……そういえば昨日、ある芸能人のゴシップをずっと調べていたんですけど、別にその人のこと好きでも何でもなかった。

それがまさに「知りたいから知りたい」ですよね。ドーパミンがいっぱい出ちゃって、調べたい欲求を抑えられないんですよ。

気になっちゃったんですもん……。

そこなんですよね。結局、スマホ依存やネット依存になってしまうと、目の前の勉強とか仕事の質が下がる恐れがある。そもそも脳は複数の作業を並行して行うことが苦手で、作業を切り替えるたびに元の集中状態に戻るまで数分かかると言われています。
前にやっていた別の作業の影響を引きずることを専門用語で**注意残余**と言いますが、勉強や仕事の合間にスマホを見てしまうと、スマホを見ている時間以上に時間を奪われている可能性が高くなりますね[45]。

スマホやネットとどう付き合うかは、考えれば深い問題ですね。

内閣府が2020年に行った調査では、10～17歳の青少年のスマホ使用時間は**1日平均2時間40分**。高校生の2割は**5時間以上**使っているそうです。使用時間は年々増加しています。

1日5時間！　何やってるんですか？

チャットやSNSのようなコミュニケーションツールを使う時間が長いようですね。あとは動画、ゲーム、音楽とか。

最近はスマホやネットを勉強にも活用できますけどね。それにしても四六時中コミュニケーションツールを使うって、どんな気持ちなんだろう。そんなに社会とつながりたいんですかね。

いい問題提起です。チャットやSNSにハマっている子どもたちは本当に幸せを感じているのかというと、実はそうではないという研究があります。SNSの利用頻度が高い子どもほど、自己肯定感が低く、孤独感を抱えている、と[46]。

え！

これは5～18歳の子どもを対象にした調査で、SNSの利用時間が長く、頻度が高いほど、**抑うつ症状**が見られたそうです。抑うつ症状とは、うつ病まではいかないけれども気分が落ち込んだり、不安を感じたりしている状態です。

病んでるなぁ……。これって、SNSに依存するから孤独を感じたり落ちこんだりするようになるのか、それとも孤独を感じたり落ち込んだりしているからSNSにハマってしまうのか、どっちなんで

すか？

明確な答えはないですけど、孤独を感じたり落ち込んだりすることは思春期であれば誰でも通る道なので、そこでSNSの世界に自分の居場所を見つけようとしてずるずる入りこんでしまうことはあるかもしれません。

スマホのルールを「子どもに決めさせる」

要は、自分をちゃんと持っていて、自制心も備えているような子どもならスマホは最強の武器になるけれども、そうではない場合は「取り扱い注意」ってことですね。

その通りですね。最近は小学校でも、インターネットのリスクやスマホの問題点を教えてくれているようですが、周りにいる大人が依存症に近づいていないか見てあげる必要がありますね。
改めてスマホやネットの長時間利用の影響についてまとめておきます。

スマホやネットの長時間利用の影響

直接的な影響	間接的な影響（機会損失）
・依存行動	・運動不足
・注意力、集中力の障害	・勉強不足
・孤独感、不安、抑うつ症状	・睡眠不足
・脳発達そのものへの影響	・コミュニケーション不足

親としてはどうすればいいんですか？

その後の人生のさまざまな機会損失につながる恐れがあるわけですから、ゲームと同じで**使用時間を制限せざるを得ない**と思います。スマホのメリットももちろんありますけど、かといってデメリットを無視するのはバランスが欠けていますよね。

子どもをあまりルールで縛るのは乗り気じゃないんですけど、仕方がない気もしてきました。

「親が一方的にルールを決めて縛る」という形をとらずに、子どもとちゃんと話をして、**子ども自身にルールを決めさせたらいい**んじゃないですか？　「時間をちゃんと決めてそれを守れるならスマホを買ってあげる」「約束を守れないなら契約を解除する」みたいに交換条件にしてもいいですし。

そのほうが当事者意識が芽生えそうだし、親としても「自分で決めたんでしょ！」って言いやすい（笑）。自制心も身につくかもしれませんね。

とにかく大事なのは心身の発達や生活に支障のない範囲にとどめること。特に自分の行動を抑制する脳の機能が発達し切っていない思春期までの子どもは、時間をきっちり決めて、守ってもらうしかないでしょう。

使用時間に関して、何歳なら何時間、という目安はあるんですか？

そこは、子どもの様子を観察しながら柔軟に考えてもらえばいいと思います。勉強や睡眠、食事など、さまざまなほかの活動に影響が出ないような利用時間にとどめるのが基本です。また、先ほども言いましたが、**寝る１～２時間くらい前からスマホを控える**ことですね。

睡眠の質を落とさないために、ですよね。

はい。発育中の子どもにとっては寝るのも大事な仕事ですから、良質な睡眠をとる努力はしたほうがいいと思います。

ほかに親にできることは？

お子さんが小さいなら、スマホやゲームに興味を持つ前に、**アウトドア体験**などでリアルな世界に興味を持たせてあげることですね。デジタルの世界以外にも面白いことや熱中できることがいっぱいあることをわかってもらう。あくまでも理想ですけどね。

もう手遅れかも。

脳には可塑性があるので、何歳からでも大丈夫ですよ。最後に１つだけアドバイスを付け足します。人によっては耳が痛いかもしれませんけど、子どものスマホ依存を防ぐために親にできることは、ずばり「**子どもの前であまり長い時間スマホを操作しないこと**」です。

痛い！　痛過ぎる！

先ほど模倣の話をしましたけど、子どもは親をしっかり見ています。親がいつもスマホをいじっているのに子どもには「もうやめなさい」って言ってもあまり説得力ないですよね。

あぁ、どうしよう。

スマホを触る時間を減らせばいいわけですから、例えば仕事のメールやSNSをチェックしたいなら、**スマホではなくノートパソコン**でチェックする。ニュースを読みたいなら**あえて紙の新聞**にする。本を読むなら電子書籍ではなく**紙の本**にする。YouTubeが見たくなったら子どものいないところで見る。こういう小さな心がけでも子どもの受ける印象は変わると思いますよ。

なるほど。とりあえずトイレでYouTubeを見ることから始めます（笑）。

YouTubeは1日30分に制限しています

うちの子どもはYouTubeを「1日30分」に制限しています。さらに、「ゲームは土日のみ、45分」です。これをパパ友に言うと「短いですね！」と驚かれます、

瀧先生から「依存症になるリスクがある」と聞いて、時間制限を続けようと思っています。

第4章

「歳をとると脳が衰える」は間違いだった！

大人の脳の
パフォーマンスをアップ！

1

若々しい脳は「運動」が作る

老化が進むと脳は縮む

脳が萎縮してスキマができるワケ

この章では、「**大人の脳にとっていいこと**」についてお話しします。

大人の脳にとっていいことも、基本的に子どもの脳にとっていいことと同じ、なんですよね？

その通りです。しかも、子どもに何か新しいことを始めてもらうためには、親が一緒にやってきっかけを作るのが効果的ですから、この機会に娘さんと「**運動**」を始めるのはどうですか？

うう、運動ですか……？

運動以外にも、さまざまな大人の脳にとっていいことを解説していきますね。成長段階にある子どもの脳とは違い、**大人の脳はゆっくりと老化が始まっています**。ですが、これまでにお話ししたように、コツコツと刺激を与え続ければ大人の脳だってパフォーマンスが上がりますし、老化をさらに遅くすることも可能です。

原稿を書くスピードを上げたいので、パフォーマンスをアップさせる方法が知りたいです。また、将来の認知症の予防にもつながるん

ですよね？

そうです。自分だけでなく、自分の親、つまり子どものおじいちゃん、おばあちゃんが、いつまでも元気でいてくれたほうがうれしいですよね。

ぜひよろしくお願いします。

ではさっそく、クイズです。以下のMRI画像は、それぞれ別の人の脳を輪切りにしたものです。上の人の脳に比べて、下の人の脳は**スキマ**が大きく、**萎縮**していることがわかります。2人の年齢差はどれぐらいでしょう？

2人の年齢差はどれぐらい？

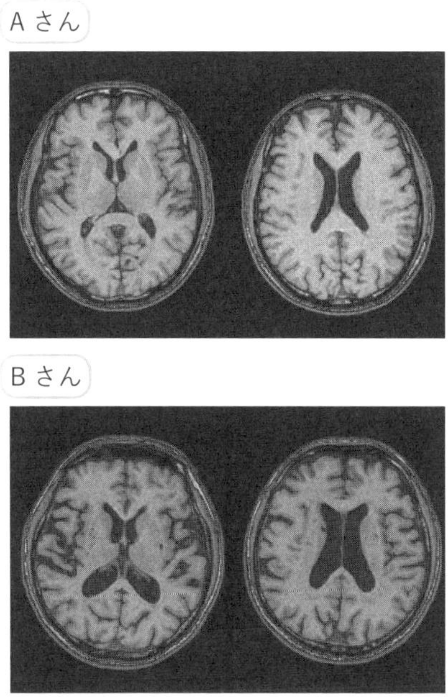

え～ ぜんぜんわからない……。上のつまっている A さんが 30 代で、下のスカスカの B さんが 70 代、とか？

実は**どちらも同じ「60 歳」**の方の脳なんです。

な、ナンダッテ……！！

同じ年齢でも、これだけ差が出るわけです。これを見ると、きちんと対策しようという気になりますよね。

先生！　早く教えてください！　早く！

エビデンスからわかった「脳にいいこと」

その前に、年齢とともに脳の認知機能がどのように低下するかというグラフを見てください [1]。

年齢と脳の機能低下

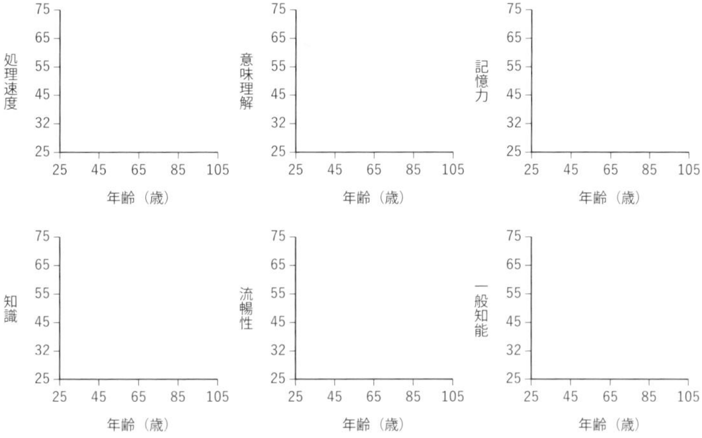

出典：Baltes P.B. *et al.*, Psychology and Aging, 1997 より改変

処理速度、意味理解、記憶力……。落ち方もいろいろですね。

そうなんです。健康であっても年齢とともにこうやって機能が落ちていくんですけれども、やはり個人差があって、100歳に近くなっても若い人と変わらない人もいるんです。

へぇ〜。

ですから、生活習慣や頭の使い方に気をつけて、なるべく脳の機能を落とさないようにするのが理想なんです。

わかりましたから、何をすればいいのか早く教えてください！

（笑）。まず、脳の健康維持や認知症の予防のために重要なこととして、特にエビデンス（科学的証拠）のレベルが高いものが3つあります。「脳を若々しく保つためにやるといいことトップ3」だと思ってください。それが「**運動**」「**趣味・好奇心**」「**コミュニケーション（社会との関わり）**」です。
そして、その次にエビデンスレベルが高いものが、「**食事**」「**睡眠**」「**幸福感**」の3つです。

最初の3つのほうが高い効果が期待できるということですか？　とりあえずその3つからやればいい？

基本的にはそうです。ただ、その次の3つについても、これからさらに研究が進んでエビデンスが積み重なっていく可能性はあります。ですから、この6つのうち、できるものからやるというスタンスがよいのではと思います。

なるほど。これからも研究は進んでいくんですね。

運動によって脳の血流が増える

最初は**運動**ですね。

やっぱり運動かぁ。どれだけ目をそらしても運動が現れる（苦笑）。

それだけ脳にいいんですよ。もちろん体の健康にも、ですが。
ではなぜ運動が脳の健康にいいのか、少し専門的な話をすると、酸素をたっぷり取り込んで行うウォーキングやランニングなどの有酸素運動によって、脳内の血流が増えるんですね。血流が増えると脳内には脳由来神経栄養因子（**BDNF**）、血管内皮増殖因子（**VEGF**）、インスリン様成長因子（**IGF-1**）、線維芽細胞成長因子（**FGF-2**）といった特定の細胞の成長を促すホルモンが放出されます [2]。

一言も頭に入らないんですけど（泣）。

もう少しかみ砕いて説明してみますね。まずBDNFが増えると海馬の神経新生が促進されます [3]。つまり、運動をすると記憶力が上がる。BDNFはそれだけではなく、ネットワークの形成を促したり、脳の可塑性を抑えようとするGABA作動性神経伝達と呼ばれる悪者を弱化することができます [4]。

やるなぁ、BDNF。

そしてIGF-1が増えると、神経伝達物質のセロトニンやBDNF自体の生成も促します [5]。その結果、神経細胞同士の結合を高めたり、

長期記憶の生成に関与するといわれています。さらにVEGFやIGF-1が増えると、神経細胞の長期増強に関与してくるとも言われています。

一言でいえば、脳の成長や維持に必要な栄養が行き渡るということ？

そうです（笑）。

なるほど〜。ところで、どれぐらい運動するとどれぐらい効果があるんですか？

運動が脳に与える影響については、エビデンスがいっぱいあるんですけど、わかりやすいのはこれですかね。
中年期における**週2回以上**の運動は、認知症リスクを約40％下げることが明らかになった。特に遺伝的に認知症リスクの高い人に効果が顕著に見られた[6]。

40％も！

高齢者も、散歩を習慣化するだけで加齢により低下する実行機能や脳の機能連携も改善したという報告があります[7]。

へぇ。

運動がメンタル面へよい影響をもたらすというエビデンスもたくさんあります。

運動がメンタル面へ良い影響をもたらすエビデンス

- マリファナ様物質のエンドカンナビノイドが増え、感情を司る扁桃体の過活動を調整し、疲労や不安軽減などの効果 [8]
- やる気の源泉と言われる神経伝達物質のドーパミンが増え、幸福感のアップ、注意・集中力改善などの効果 [9]
- 精神を安定させる神経伝達物質のセロトニンが増え、不安低減などの効果 [10]

うつ病にも運動は有効だとおっしゃってましたよね。

そうなんです。うつ病はストレスが慢性的にかかって発症するものですよね。ある研究では、運動をしたあとに被験者にストレスを与えたところ、そのストレス反応を鎮める働きが見られたそうです [11]。

具体的にどんな運動をすればいいんですか？

理想を言えば、中～高強度の運動を週に 2、3 回。1 回当たり 45 ～ 60 分ですね [12]。中強度というのは、息が少し上がるぐらいの早歩きとか、**ジョギング**程度です。高強度は「ゼーゼー、ハーハー」の状態ですね。有酸素運動でも筋トレなどの無酸素運動でもその混合でも差はないと言われています。**テニス**とか**ゴルフ**とか**水泳**のように、趣味として続けられるものでもいいですね。

週に 2、3 回、1 回当たり 45 ～ 60 分ですか……。子育てと仕事に追われている世代には、ちょっと難しいかなぁ。

習慣化することが大切ですからね。仕事の途中で、気分転換に**ウォ**

ーキングするのはどうでしょう。よく「歩いていると考えがクリアになる」って言いますけど、歩行中に考え事をすることで、アイデアを出したり考えをまとめるのによい効果があるという研究があります[13]。

へぇぇ！　今まで会った経営者で、考え事をするときは会社の周りをグルグル歩くという人がいたんですよ。

それ、脳的には大正解なんです。

仕事中に散歩するなんてサボってるようにしか思えなかったけど、違うのかな。あと、平日に運動すると眠くなってしまうのも心配なんですよ。

むしろそれがいいんですよ。日中に運動すると夜の睡眠の質がよくなります。寝つきがよくなって、しかも深い眠りにつける。

日中眠くなったらどうするんですか？

15分くらいの仮眠をとればいいんです。一番いいのは朝に運動すること。朝の運動は覚醒効果があります。それで昼過ぎにちょっとだけうたた寝をして、夜になったらぐっすり眠る。運動による疲労で仕事のアウトプットが下がることはあまり考えられません。

あ、でもシャワー浴びたりウェアを洗濯したりする時間も考えると、やっぱり面倒くさいな……。

なわとびでもいいですよ。10 分くらいでもかなりの運動量になります。あと一番手軽なのは**筋トレ**かな。エビデンスの観点からいうと有酸素運動がいいのは間違いないんですけど、筋トレのような瞬間的に負荷をかけるレジスタンス運動も、脳機能の維持に効果があります [14]。私も毎日筋トレをしています。

なわとびに、筋トレですか……。

筋トレをして**筋肉量が増えると基礎代謝が上がります**。その結果、肥満の防止になるし、血糖値も上がりづらくなる。肥満は記憶力の低下、血糖値の上昇は眠気を誘発することを考えると、筋肉をつけることって脳にとっていいことなんです。

そうかぁ……。じゃあ、仕事で煮詰まったときに散歩することと、娘と公園に行ったときに子ども用の低い鉄棒で腕立てをすることから始めてみます。

それでいいんです！　できることからやっていって、だんだんと運動を習慣化すればいいんです。仕事中に**スタンディングデスク**を使うのもありですよ。ある調査で高校生にスタンディングデスクを継続的に使って勉強してもらったところ、実行機能と作業記憶能力が 7 ～ 14％程度改善しています [15]。この改善幅は運動を 13 週間続けたときと同じレベルだそうです。

あの立って作業するやつですか？　一時期はやりましたね。とにかく習慣化するのが重要なんですよね。だって、3カ月に1回ゴルフに行くだけだと、たいして脳に刺激にならなそう。

その通りです。でも、習慣化するためには、最初の1歩を踏み出すことが大切。ゴルフに行って楽しかったのなら、練習場に通ってみようとか、飛距離を伸ばすために筋トレしようと思うようになるかもしれないですよね。

これだけ運動するのが面倒くさいと思っている私がどうすれば運動を習慣化できるようになるのか、想像もつかないんですけど（泣）。先生はどうやって筋トレを習慣化したんですか？

ズバリ、「**スモールステップ法**」です。最初のハードルをとにかく低くし、それから少しずつ段階を上げていく。例えば、筋トレなら最初は「**1週間に腕立て伏せを1回だけ**」とか。

そんなの絶対に誰でもできる。

絶対に誰でもできるというところからスタートするのがスモールステップ法ですよ。最終的には、毎日筋トレできるようになります。

そのスモールステップ法、教えてもらっていいですか？

いいですよ。では第5章でお話ししましょう。

2

趣味で楽しく脳の機能強化

趣味がない人には「旅行」か「料理」

趣味を持つのはいいことだらけ

続いて、「**趣味・好奇心**」です。楽しみながら何かに没頭することが大人にとって最高の脳トレなんです。

私が無意識のうちにやっていたことですね。趣味ならまかせてください。

知的好奇心が高い人ほど加齢による脳の機能低下が抑えらます。知的好奇心と高次認知機能を担う側頭頭頂部《そくとうとうちょうぶ》の体積との関係を調べたところ、好奇心が旺盛な人ほどこの部位の萎縮が抑えられていることが見てとれます [16]。

本当ですか。

また、知的好奇心が高い人ほど記憶の定着がよくなります。具体的には**海馬**、**腹側被蓋野《ふくそくひがいや》**、**側坐核《そくざかく》**、**中脳黒質《ちゅうのうこくしつ》**などの活動が高まると言われています [17]。同じ研究では、知的好奇心の高いグループと低いグループで、ペーパーテストの正答率にグラフのような差が出ました。

知的好奇心が高いと正答率アップ

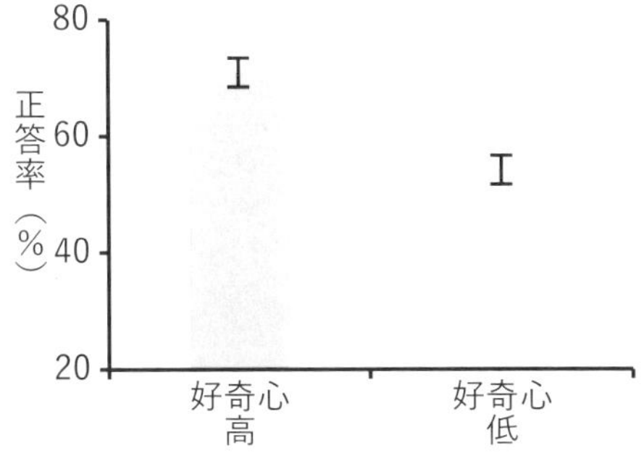

出典：Gruber M.J. *et al.*, Neuron, 2014 より改変

いいことだらけじゃないですか。

びっくりしますよね。記憶の定着と言えば、私がピアノを始めたのって 40 代からですけど、最初は譜面《ふめん》が全然覚えられなかったんです。でもコツコツやり続けていたら**10 ページくらいの譜面ならちょっと練習すれば覚えられるようになりました**。努力を続けることで本当に記憶する力が伸びたんです。で、それは当然、仕事でも生きるんですよ。

すげぇ。

あと知的好奇心が高い人はストレスレベルが低い [18]。楽しいことを思いっきりやっているわけですから当然ですね。ストレスは海馬や前頭前野の機能を落としますので、それが少ないということは脳の健康を維持しやすいということです。

なんかこれ、「**趣味を持たないのは人生損してる**」って言い切っていいんじゃないですか。

「運動しないのも損」って言い切っていいですか？

あ、どうぞ。話を続けてください……。

頑《かたく》なですね（笑）。何かを始めるのに遅過ぎることはないですよ。大人の脳にだって可塑性がありますから。

大人になるといろいろあきらめがちですよね。私の母親も「私にスマホは無理」といってガラケーにこだわっています。娘なんて３歳のときに２分で使えるようになったのに。

そうそう。結局は**一歩を踏み出すかどうか**の話なんですね。運動も趣味もそうです。私もいろんな人に「脳を健康にしたいなら、趣味を持つか、運動をしましょう」って言うんですけど、「40 過ぎてピアノなんて」とか「50 になって走れないよ」とか「60 で英語なんて無理だよ」とか**否定から入る**んですね。20 代や 30 代と比べたら、中高年は時間的な余裕が増える人も多いんだから、自分が楽しいと思えることをやり続ければいいはずなのに。

すぐに成果を求めるなと。

はい。でも逆に、大人のほうが課題解決能力や情報収集能力が高かったり、自分の性格のことがわかっているので、子どもより早くできるようになることもあるんですよ。

そういえば私、パソコンのソフト上で音符を打ち込んで遊んでいるんですけど、かたや隣の家の小学生は毎日ひたすら同じ曲を練習しているんですね。「その練習って楽しいのかい？」ってお節介ながら思っちゃうんですけど。

その気持ちよくわかります。もちろん、子どもには機械的な反復練習もいいことなんですよ。器用に指を動かせるようになるわけですから頭の発達にちゃんとつながるし、一流のピアニストを目指すなら基礎練習は必須です。
ただおっしゃる通り、**大人が趣味で何かをするときはわざわざつらい思いをする必要はない**んです。好きなことをガンガンやる。小さな目標を立てながら成長を楽しむ。それが大事なんです。

好きなことだけやってます（笑）。

趣味や好奇心が脳によい影響をもたらすことの**エビデンス**っていっぱいあるんですよ。以下にまとめておきますね。

「趣味・好奇心」のエビデンス

・健常な高齢者が、新たに外国語を習得することで創造性などの認知機能が維持され、また認知症リスクを下げる可能性が示唆された [19]
・1 日 3.5 時間以上、読書習慣を持つ高齢者は、そうではない高齢者に比べ、ある年齢までに死亡する確率が 17% 程度下がる [20]
・健常な高齢者が 4 カ月毎日ピアノレッスンを行うと、絵画レッスンなどを行った群より、注意力、実行機能などの認知機能を改善させ、さらに身体的、心理的 QOL を向上させた [21]
・どれだけ加齢が進んでも、またアルツハイマー病であっても、余暇活動への参加度が高い人ほど認知機能の低下が少ない [22]

・健常な高齢者が能動的に写真やキルティングなどを学習すると、受動的な活動（会話）だけをした群よりも、エピソード記憶（個人が経験した出来事に関する記憶）が有意に改善した [23]

外国語、**読書**、**ピアノ**……。いろんな活動がありますね。結局は「脳をどれだけ使っているか」なんでしょうね。

そういうことです。だから趣味じゃなくても生涯現役で働き続けているなら脳を若く保てるんです。そういえば、大阪のねじ専門商社で働く**90 歳の女性が「世界最高齢総務部員」**としてギネス認定されたというニュースがあったんですけど、彼女は会社が IT 化したときすでに 70 歳近かったけれども、ワクワクしながらパソコンの使い方を覚えたそうです。

好奇心があれば何歳でも働けるということですね！

まさにそれが脳を若く保つ秘訣なんですよ。

イチオシは「楽器演奏」

では中高年にどんな趣味がオススメかと言うと、私が再三言っている**楽器演奏**です。世の中にはさまざまな余暇活動がありますけど、脳のことを考えると楽器演奏がすごくいい。脳に刺激が入るし、長く続けられるし、コミュニケーションの機会も増えるし、創造性も高められる。

やっぱりイチオシなんですね。

楽器演奏者は脳年齢が若いというエビデンスがあります[24]。プロの演奏者だけでなく、アマチュアでも脳が若いという結果になっているところが面白いです。あと、習慣的に演奏をしている人とたまにしか演奏しない人とを比べると、習慣的に演奏している人の認知症リスクは0.31倍まで下がるというデータもあります[25]。

へぇ。

日本認知症予防学会も、**音楽療法**（楽器演奏）は効果があると言っています。
また、楽器演奏は認知症予防だけじゃなく、ストレスレベルを下げたり、免疫機能を高めたりする効果もあると言われています[26]。

ストレスを減らしてくれるんですか……。
そういえば、西洋音楽では曲調が明るいメジャー（長調）と、暗いマイナー（短調）がありますよね。子ども向けの曲ってほぼメジャーですけど、私が自分で作る曲ってマイナーばかりなんです。それって私がストレスフルで病んでいるということですか？

いやいや、そんなことないですよ。マイナーのほうが深みが出しやすいんです。いわゆる「**悲哀美**」というものですけど、悲哀を伴うような曲を聴くと悲しみの感情がわきますが、一方で郷愁や過去への回想といったポジティブな認知も喚起するんです[27]。自分自身を振り返る「内省」も活発になると考えられています。

へぇ！　いいこと聞きました。

趣味がない人にオススメなのは？

私は趣味がない日常なんてつまらな過ぎると思っちゃうタイプなんですけど、世の中には**無趣味**の人もけっこういますよね。

多いですよ。無趣味でもそれは普通のことで、恥ずかしいことでも何でもない。ただ、趣味があると脳の健康に役立つし、親子でやれば子どももいろんなことに興味を持つようになるし、夫婦でやれば喧嘩も収まると（笑）。

趣味を見つける方法ってあるんですか？

例えば、**昔ちょっとだけやっていたこと**をやってみる、というのはどうでしょう。子どもの頃や、学生の頃にやっていた、ピアノやテニスや将棋とか、何でもいいのでもう一度やってみる。

よく考えると、私は最近急に音楽を始めましたけど、中学生のときにちょっとだけギターを触っていたんですよね。

まさにそれですよ。上手に弾けたかどうかは関係なくて、体験したことがあるというだけで再び始めるときの入り口になるんです。また、とりあえず**お金をかけずにやってみる**のも始めやすいですよね。久しぶりにピアノをやってみようと思ったら、ネットで安い電子ピアノを買うとか。ジョギングなら、普段着ている服とスニーカーで走ってみるとか。

私、結構、形から入るんですよね……。

お金に余裕があればもちろんそれでもいいですよ。**高いギターを買うことでモチベーションが上がる**ということもありますからね。もし趣味にお金が使えるなら、自分が子どものときに憧れていたものを思い返してやってみるのもいいですね。私が50歳を過ぎてドラムを始めたのも、少年時代に憧れていたからなんです。

憧れか……。思いつかない。

もし過去を振り返って適当なものが見つからないなら、**趣味を持っている友人に弟子入りする**のもいいですね。友達がカメラにハマっているなら、ためしに一緒に撮影についていく。そのときはとりあえずスマホのカメラでもいいじゃないですか。

それいいかもしれないですね。
コスプレ撮影なら引くけれど（笑）。

（笑）。最近ならどんな趣味でもYouTubeで独学できちゃいますけど、友人をメンターにしたほうが効率がいい。その世界の魅力とか、業界のトレンドとか、道具の選び方とか何でも聞けるし、聞かれたほうも喜んで答えてくれますよね。

「その趣味ってどんなところにハマったの？」って聞くのもよさそうだ。

そうそう。絶対に何か面白いところがあるから熱中しているんですよ。

あ、でも、友達もいない人はどうすればいいんですか？

そういうときは、**旅行か料理がオススメ**です。1人でできますし、脳の健康維持に最適です。

旅行ってまた金かかりますね……。

別に遠くに行くことだけが旅行じゃないですよ。普段の行動範囲から2つ、3つ先の駅に行ってみることだって旅行になります。旅行がいいのは、まず調べ物をして計画を立てるところ。食べたいもの、見たいものを調べると知的好奇心が刺激されるし、高齢者の場合、計画ができると旅程をしっかりこなしたいという前向きな気持ちから、体を鍛えたくなるんです。1人旅だって、あとで誰かに話したくなりますよね。それで、コミュニケーションにもなります。

へぇ！　ちなみに先生も旅行好きなんですか？

好きですよ。実は私、**古地図や歴史**も大好きで、休日に東京の麻布や赤坂界隈に行って、坂を上ったり下ったりしながら、1人で「この坂は武蔵野台地の端っこなんだ」「この一帯はあの大名の下屋敷だったのかぁ」「この坂の名前はそういう由来だったんだ！」なんて考えながらニヤニヤしてますよ。

ひとりブラタモリじゃないですか（笑）。

まさに（笑）。特に男性はハマる人が多いと思いますけどね。行く場所を決めたらネットや図書館でいろいろ予習をしておけば、その分だけ散歩が楽しくなります。しかもウロウロ歩くだけで運動になるわけですから、脳にとっては最高の刺激になるんです。

旅行と、もう１つは料理でしたっけ？

料理も脳を使うんですよ。冷蔵庫の中のものを見てメニューを考えて、計画を立ててから買い物に行く。帰ってきて料理を始めたら、今度はマルチタスクを段取りよくこなしていくわけです。手先を使う「**巧緻《こうち》運動**」も必要になるので、脳の中がものすごく活性化します。
実は私、料理がすごく苦手なので、頑張らないといけないなと思っています。

今の話を聞いていると、最近流行りの「**ソロキャンプ**」っていいかも。旅行と料理が一緒にできる。

いいじゃないですか。１人だと会話はないかもしれないですけど、脳はガンガン刺激されるはずですよ。

3

「定年退職」は
できるだけ遅いほうがいい

コミュニケーションが脳に刺激

退職後に家に閉じこもっていると…

次は、「**コミュニケーション（社会との関わり）**」です。

私、もともと**人づき合いが苦手**な上に、仕事と趣味が自宅で完結してしまうので、**家族以外との会話がほとんどない**んですよ。それ自体は苦痛じゃないんですけど、脳にとってはあまりよくないわけですか？

いえいえ、文章を書かれているじゃないですか。それもコミュニケーションなんです。「こういう表現を使って読者が理解できるのか」、「読者が知りたいことは何か」といったことを常に考えながら原稿を書いていますよね。

一応そうです。

だとしたらむしろ普通の人よりコミュニケーション能力を鍛えているかもしれません。原稿を書くことがめちゃくちゃ脳に刺激を与えているので心配しなくていいですよ。

そうなんですね。

改めてなぜ社会との関わりやコミュニケーションが大事かというと、感情認知、言語、共感性、社会性などに関わる脳のいろんな領域を駆使して行われるからです[28]。先ほど90歳の総務部員の話をしましたけど、脳にしてみればできるだけ生涯現役がいいんですよ。

会社で働いていたらコミュニケーションは必須ですよね。

ちょっと前まで60歳定年が普通でしたけど、最近は早期退職制度を使って50代で辞める人もいれば、再雇用で60歳を超えて働き続ける人もいて、選択肢が増えています。この「**退職年齢**」ってけっこう大事なんです。
健康な高齢者において、退職時年齢が1歳高いだけで死亡リスクが11%低下したというデータもあります[29]。

え！

最近は生活費の安い地方に移住して早々に隠居する人もいますが、早期退職をすると60代前半くらいで実行機能にマイナスの影響を与えることがわかっています[30]。

アーリーリタイアメントって、悠々自適でなんとなく憧れますけど、必ずしもいいことではないかもしれないと。

仕事を辞めたあとに何か熱中できることがあって、友人との交流も盛んならいいんですけどね。

じゃあ、**定年退職後にどんな生活を送るか**で、だいぶ脳の状態が変わってきそうですね。

変わる可能性が高いです。例えばこんなデータがあります。

高齢者のライフスタイルと認知機能

・健常な高齢者で社交性が高い群は、低い群よりも12年間で最大70%も認知機能が保たれた [31]

・健常な高齢者で社交性が高い群は、低い群よりも6年間で記憶力の低下率がおおよそ半分程度であった [32]

・社会的に孤立していると、親密な社会的交流のある高齢者に比べ認知症リスクが有意に高かった [33]

おお。差が出ますねぇ……。

おしゃれをする高齢者は脳が若くなる

じゃあ、親が足を悪くしてあまり外出しなくなってしまったら、どうすればいいんですか。毎日電話してあげるとか？

それなら、スマホやタブレット端末の使い方を覚えてもらって、**ビデオ通話**をしたほうがいいと思います。健常な高齢者が6週間、毎日30分ビデオチャットをすることで、電話通話のみのグループと比べて言語機能や実行機能などの高次認知機能が上昇したという研究もあります [34]。

へぇ。音声だけよりビデオのほうがいいんですね。

それだけ情報が増えるから脳にも刺激が入るということなんでしょう。あと、社会との関わりという点でいうと、**服装**などの見た目をちゃんと整えているかどうかも脳に影響します[35]。
私が以前、高齢者の脳のMRIをとっていたときに、見た目の第一印象がしっかりしている方の脳は若くて、そうではない方の脳は萎縮しているということがよくあったんです。

面白い！

これ、鶏と卵の関係でもあって、普段から活動的で外によく出るから見た目を整えているケースが多いんでしょうけど、見た目を整えることで外出しようという気になるケースもあると思うんです。だって素敵な洋服があれば「ちょっとデパートに買い物行こうかな」「友達とお茶しようかな」って思うじゃないですか。特に女性は。

いまさら母親が**ギャル系ファッション**かぁ（汗）。

（笑）。無理に若作りすればいいという意味ではなく、「この歳だから見た目なんてどうでもいいや」と開き直らないことが重要なんです。見た目と脳や体の健康状態って、一見すると関係なさそうなんですけど、世界中の科学者が真剣に調べているんですよ。

なるほど。

4

脳にいい「食べ方」とは？

同じものを食べ続けるのはNG

特定の食材より「食事スタイル」が重要

食事も当然、脳に影響を与えます。例えば、果物や野菜に含まれるビタミンC、Eをはじめとしたビタミン類やミネラル類がいい[36]とか、玄米に含まれるγオリザノールがいい[37]とか、赤ワインや緑茶に含まれるポリフェノールがいい[38]とか、魚に含まれるω-3脂肪酸がいい[39]のように、特定の成分と脳の健康の関係を調べている研究もたくさんあります。

健康番組でたまにネタになるやつですね。

そうです（笑）。もちろん意識してこういう食材をとることはいいんですけど、こういった成分を少し多めにとっただけでは、正直脳への影響って小さいんです。じゃあとにかく大量にとればいいのかというと、それで食事の栄養バランスが崩れてしまったら、マイナスの影響になりますよね。

なるほど。

なので、個々の成分を見るよりも、**食事のスタイル**、**食生活全体**を考えたほうが、脳への影響が大きいと私は考えます。

和食がいいとか、そういう話ですか？

和食もオススメの１つです[40]。あと、評価が高いのが「**地中海食**」です[41]。

地中海？　ヨーロッパとアフリカの間にある？

そうです。スペイン料理、イタリア料理、ギリシャ料理などが該当します。地中海食の特徴をざっと挙げてみましょう。ダイエットにもいいですよ。

地中海料理の特徴

- **肉より魚介類を食べる**
- **野菜・果物をたくさん食べる**
- **ポリフェノール（赤ワイン）を少々とる**
- **ナッツ類を食べる**
- **オリーブオイルを使う**

普段口にしないものばっかり……。

まあ、できる範囲からでいいですよ。さらに脳にとってよいのが、この地中海食と、高血圧予防の食事スタイルを組み合わせた「**MIND（マインド）食**」です。認知症予防の食事法としてアメリカのラッシュ大学医療センターが提唱しました。４年半、MIND食を続けた人はアルツハイマー型認知症のリスクが54％減少したという報告があります[42]。

MIND食において、「**積極的にとるべき食品**」と「**制限すべき食品**」をまとめておきますね。

「MIND食」の特徴

積極的にとるべき食品	制限すべき食品
・全粒の穀物（1日3回）	・鶏肉以外の肉（週4日以下）
・グリーンサラダ（1日1回）	・バター（1日に大さじ1杯未満）
・ワイン（1日グラス1杯）	・チーズ（1週間に1回以下）
・ナッツ（ほぼ毎日）	・揚げ物（1週間に1回以下）
・豆類（2日に1回）	・ファストフード（1週間に1回以下）
・鶏肉（1週間に2回）	
・ベリー類（1週間に2回）	
・魚（少なくとも1週間に1回）	

がんばります……。

子どもの生活習慣のところでも話をしましたけど、**品目は多いほうがいい**です。このMIND食も、いろいろなものをバランスよく食べることが1つのポイントです。

逆に言うと、特定のものばかり食べる食習慣は避けたほうがいいです。健康番組って1つの食材にクローズアップしがちで、「納豆がいい」とか「ココナッツオイルがいい」とか聞くとそればっかり食べる人がいるんですけど、偏食は脳にとってあ

まりよくありません。

なるほど。

「腹八分目」で見た目も若返る

品目が多いほうがいいと言いましたけれども、一方で食べる総量は増えないように気をつけたほうがいい。食事の「**量**」も脳に影響があります。人間の体にとってはやはり昔から言われる「**腹八分目**」が一番いいんです。

そうなんですか。

ある研究では、37歳の太っていない健常な人を集めて2年間にわたり摂取カロリーを25%減らしてもらったところ、体重が10%減り、慢性的な炎症反応が改善し、睡眠の質が上がり、気分の安定にも効果があったということです[43]。

体重が減るのはわかるんですけど、なぜ摂取カロリーを抑えると脳にいいんですかね。だって脳にとって「燃料」は多いほうがいいじゃないですか。

そもそも肥満になると海馬が萎縮してしまうので、摂取カロリーを抑えればそれを予防することができます。それ以外にも、人間の体には「**サーチュイン遺伝子**」が組み込まれているんですけど、摂取カロリーを抑えて“飢餓状態”になるとこれがオンになるんです[44]。サーチュイン遺伝子は、別名「若返り遺伝子」「長寿遺伝子」と呼ばれ、オンになると老化を抑えてくれると考えられます。

ええ！　そんなすごい遺伝子があるなら常にオンにすればいいのに。

そう思いますよね。なぜそういう仕組みになっているのかはまだ明確になっていません。なので脳だけでなく見た目も若々しくいたいなら腹八分目。これがもっぱらの定説です。

でもカロリー制限ってきつそうだな……。「ラーメン＆ライス＆餃子」をやめろということですよね。

トリプル炭水化物はちょっと多いかも（笑）。できる範囲で始めればいいですよ。例えば、摂取カロリーを抑える方法として「**マインドフルネス食**」と呼ばれるものがあります。

瞑想《めいそう》しながら食べるんですか？

ちょっとだけそんな感じです。目の前の食事に集中して、感謝の気持ちをもって、１口ずつ、その味や噛み心地などをじっくり堪能しながら食べるというものです [45]。

私めっちゃくちゃ早食いなんです……。

早く食べると満腹のシグナルが追いつかないので、どうしても食べ過ぎになりやすいんですよ。マインドフルネス食がいいのも、しっかり噛んで、ゆっくり食べるからなんですね。なので、ちゃんと噛んで食べることだけでも意識してみるといいかもしれません。

気をつけます。

あと目の前の食事に集中するという意味では、ご飯を食べるときにスマホをいじったりテレビを見たりすると食べ過ぎてしまうという報告があります[46]。「食事をした」という記憶が薄くなるからだと言われています。

なるほど。テレビを消して、ちゃんと噛む。そこからやってみます。

できるだけご飯を食べるときは食事に集中する。もちろん家族との会話も脳にとって大切なので「黙って食え」という話ではないですけど。

昼食を抜くと頭が冴える？

そういえば、締め切り前でめちゃくちゃ集中したいときって、**昼飯を抜く**んですよ。経験上それが一番集中できる気がするんです。脳にそういうメカニズムがあるんですか？　さっきのサーチュイン遺伝子がオンになるからなのかな。

眠気を抑えられることが集中できる要因だと思いますね。糖質を多くとると血糖値が急激に上がって、それが下がるときに眠気に襲われるんです。昼の2時くらいにオフィスで船を漕ぐ人が増える原因ですね。頭が冴えた状態を維持したいと思ったら、昼ご飯を抜かなくても、**血糖値の乱高下をできるだけ抑えればいい**と思います。

なるほど。でもどうやって？

血糖値を急に上げないためには、野菜を先に食べ、主食を後回しにするとよいでしょう。これは「**ベジタブルファースト**」と呼ばれています。また、主食のお米やパンや麺を少し減らし、代わりにたんぱく質を多めにとってもいいです。納豆や卵料理、鶏の胸肉やささみなどですね。もしくは、白米ではなく**玄米**、食パンではなく**全粒粉パン**、うどんではなく**ソバ**のように、主食を食物繊維の多いものに代えてもいいかもしれません。

コンビニに行くと血糖値の上昇を抑えるヨーグルトとかが売ってますよね。ああいうのでも効果はあるんですか？

ありますよ。そういった商品も食物繊維がポイントなんです。食物繊維のように人間の体が消化しづらいものを取り込むことで、糖の吸収スピードを抑えているんです

わざと邪魔をさせているわけですね。

そうです。先ほどのベジタブルファーストも理屈は一緒です。先に食物繊維をとって、糖質を後回しにするから血糖値の急激な上昇を抑えられるんです。

へぇ。勉強になるなぁ。

私も血糖値のコントロールを意識するようになってから、日中の眠気が全くなくなりました。同じ食事でも、食べる順番を変えるだけで全然変わるんですよ。もちろんちょっと昼寝をすることは集中力を高めたり、記憶の定着にいいんですけど。

逆に一番よくないのは何ですか？

「ああ、お腹空いたな。**とりあえずジュース飲もう**」といってジュースを飲むことです。ジュースに含まれる糖はとても吸収が早いので、血糖値がドカンと上がります。

大事な取材の前にジュースを飲んだら眠くなってしまうわけですね。

オレンジ100%のジュースを飲むなら、本物のオレンジを食べたほうが、食物繊維が含まれている分、血糖値の上がり方は控えめになりますね。

参考になります。

5

「睡眠不足」は脳にダメージ

7時間前後の睡眠でスッキリ

睡眠中に脳の老廃物が洗い流される

続いて「**睡眠**」です。

子どもの脳の成長にいかに睡眠が重要かという話は聞きました。大人の脳にはどうなんでしょう？

睡眠によって記憶を定着させたり、感情を安定させたり、創造性を高めたりするのは、大人でも同じです。加えて大人の脳で重要なのは、睡眠のときに**脳内の老廃物が洗い流されることです**。

へぇ〜。

人は歳をとると**アミロイドβ**というたんぱく質が脳内にたまっていくんですけど、これが異常に蓄積すると**アルツハイマー型認知症**を引き起こしてしまいます。でも人が眠っている間は、このアミロイドβの除去が促進されるんです。

それって血流のおかげなんですか？　運動したりお酒を飲んだりすれば血行がよくなってアミロイドβが流れ出たりしないんですか？

まったく流れないわけではないでしょうけど、人間が起きている間は脳の神経細胞同士の間隔が密で、老廃物が流れづらいんです。

神経細胞同士の間隔がゆるくなると、液体で流せるようになるんですか？

その通りです。「細胞の間の液」と書いて**細胞間液**と言いますが、睡眠中は神経細胞同士の間隔が、体積で60％程度ゆるくなるので、細胞間液で有害な老廃物を洗い出しやすくなるという研究があります[47]。

なるほど。大人は何時間ぐらい眠るのがいいんですか？

いろんな説がありますけど、だいたい**7時間前後**の睡眠がいいと言われています[48]。もちろん個人差があるので、自分にとって適切な睡眠時間を知りたいのであれば、休日に目覚ましをかけないで眠って、自然に目が覚めるまでの時間を記録すればわかります。

独身時代は10時間くらい寝てたなぁ……。朝までダーツバーでお酒飲んで、それから寝て、夕方に起きるとか。それが今は4～5時間睡眠だもんな……。

4～5時間の睡眠だと何かしら**体に負荷が生じている**と思います。せめてあと2時間くらい長めに眠れば脳のコンディションがかなり変わると思いますよ。

仕事の時間が2時間減っても、それを上回るくらいパフォーマンスがアップします？

余裕でペイできると思います。私も「寝るのがもったない」と思うタイプだったので、一時期は夜型の生活をしていたこともありますけど、論文でそのことを知ってからは最低でも7時間眠るようにしています。早朝にいろんな活動をするのが好きなので、最近は**夜の9時から10時くらいには寝てしまいます。**

幼稚園児なみの早さじゃないですか（笑）。

会食で二次会に行かなければ、なんとかこの時間に眠れますよ。

睡眠不足で「テロメア」が短くなる

私は今、深夜2時に就寝で朝7時起床なんです。7時間眠るなら夜の12時就寝、8時間なら11時就寝ってことか。子どもが寝ついて、集中して原稿を書いている時間だなぁ。

可能な範囲でいいんです。せめて1時には絶対に寝るとか。ただ、あまり不安を煽りたくないんですけど、睡眠時間が5時間以下の男性は、7時間以上寝る男性と比べて寿命の目安と言われる**テロメア**が平均6％短くなっていたという報告もあります [49]。

テロメアってなんですか？

人体を構成する細胞は一生の間に何度も細胞分裂を繰り返すんですが、分裂する回数には上限があるんですね。テロメアはその分裂回数を数えるカウンターみたいな役割を果たすもので、細胞の染色体

にあります。これが細胞分裂するたびに短くなるんですけど、実は過剰なストレスがかかり続けたり、寝不足の状態が長続く続くことでも、テロメアが短くなるんですね。

やべ！　自分でも「寿命を削りながらやってるな」と思っていたんですけど、**実はテロメアを削っていた**のか！

まあ、でも今、娘さん4歳ですよね。私も経験者ですけど、子どもが小学生くらいになれば育児の負担は減るので、もう少し睡眠時間が確保できるようになるはずです。

よーし。娘が大きくなったら9時間寝て、ベストセラーを書こう！

あ、**寝過ぎもよくない**という研究もあるんです。

（ズコッ！）

7時間睡眠の人の認知症リスクを1とした場合、6時間以下の人のリスクは1.36倍、8時間以上の人のリスクは1.27倍になったそうです[50]。なのでやはり7時間前後がいいかもしれません。
ただ、最近は、寝過ぎは必ずしも認知症リスクを上げないという報告も出ています[51]。その研究でも、やはり短時間睡眠はよくないという結果は一致しています。

わかりました。睡眠時間を削り過ぎないよう気をつけます。

睡眠不足も寝過ぎもよくない

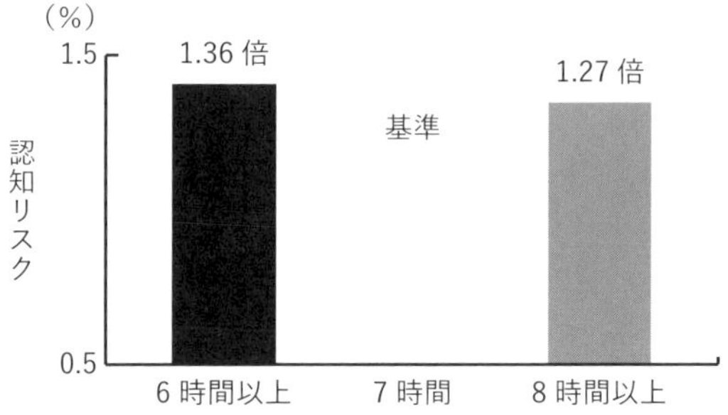

出典：Chen J.C. *et al.*, Alzheimer's and Dementia, 2016より改変

そのほか、**睡眠の質**を上げることも大切ですね。特に睡眠時間がしっかり確保できないときは、睡眠の質を上げておきたいです。コツをまとめておきますね。

睡眠の質を上げるコツ

- **眠る1時間前からスマホやパソコンを使わない**
- **運動などで昼間の身体活動量を上げる（ただし寝る直前は激しい運動をしない）**
- **日の光を浴びるようにする**
- **昼寝はうたた寝にとどめ、夕方以降の昼寝を避ける**
- **夜にぬるめのお風呂に入る**
- **寝る前に温かい飲み物を飲む**
- **寝室は静かに、暗く、適切な温度にする**
- **眠くないときに無理に眠ろうとしない**

いろいろありますね。

あと、中高生もそうですが、大人も**眠る直前までSNSを見ていたり**するじゃないですか。それが意外と脳によくないんですよ。

ブルーライトで？

それだけでなく、SNSがやめられない人って、普段から「取り残される恐怖（Fear of Missing Out=**FOMO**）」を感じていて、それが不安の要因になっているんですね[52]。だから寝る直前までSNSを見ていたら、気になっちゃって寝つきが悪くなるんです。

それはもう依存症に近いですね。でも不安だったらなおさら我慢しづらいじゃないですか。

確かにそうなので、習慣の力で断ち切るしかないですよね。寝る1時間前からはSNSを使わないと決めて、代わりに読書の時間にするとか。あとは、昼間に運動してグッスリ眠る。

やっぱり運動か～。

運動自体で脳がイキイキして、睡眠の質が上がって脳のコンディションがさらに整う。1粒で2度おいしいのが運動です。
編集者のTさんも運動を始めたみたいですよ（次ページ）。

なわとび1日5分で快眠です

編集者Tです。コロナでテレワーク中心になってから、眠っても疲れが取れないと感じていました。瀧先生に話を聞いてから、2つのことをやるようになり、毎日快眠です。

1つは、夜中にタブレット端末で動画配信サービスを見るのをやめました。サービスの解約もしました。

もう1つは、午前中に必ずなわとびを5分やることにしました。5分なのですぐできますし、これだけでグッスリ眠れます。

6

「幸福感」こそ特効薬

脳にとって「幸せ」とは何か

幸せを感じられる人は長生き

最後に「**幸福感**」について紹介します。

これが全然イメージわかないんですよね。いったい何ですか？

自分が幸せだと感じることを、「**主観的幸福感**」と言います。この幸福感についての研究が世界中でなされていて、幸せだと感じることでやっぱり脳にもよい影響があるんです。自分は幸せだと感じている人は、不幸だと感じている人より約14％長く生きられると推定されています[53]。これ、先進国の寿命に当てはめると、**7.5～10年長生き**することに相当します。

えぇぇ！

では、どんな人が幸福感が高いかというと、自分の好きなことを思う存分楽しんでいたり、社交性が高くて社会と積極的につながっていたり[54]、ボランティア活動のような利他的な活動をしている人[55]。こういう人たちが「主観的幸福感」が高い傾向にあると言われています。

ボランティアでもいいんですね。うちの母親は、地域の福祉に携わる**民生委員**をやってます。

それ最高ですよ。社会とのつながりが強いし、コミュニケーションが増えるし、人のために行う仕事ですし。大変なことも多いでしょうけど幸福感も高くなるはずです。お母さまのようなアクティブなシニアが増えたらうれしいですね。

認知症の予防にもよさそうですね。

ほかに、主観的幸福度が社会的な成功の要因となっているという指摘もあります[56]。幸せだと感じているから、社会的に成功できる、と。

そりゃあ、成功していたら幸せを感じますよね。

もちろんそうなんですけど、その逆もあるのではないか、ということです。

幸福感のある人が、持ち前のポジティブシンキングを活かして成功するってことですか。アメリカ映画みたいに。

根っからのポジティブ人間だけが成功できると言いたいわけではないですけどね。例えば、「自分だけ幸せになればいいんだ」と自分の利益だけを追い求める人は、人が離れていって結果的に孤独を強く感じる可能性が指摘されています[57]。

そりゃそうだ。

ですから、もし成功のために幸福感を高めたいのなら、**ボランティアや社会貢献**などに取り組むのがいいのかもしれません。世の中を見渡しても、お金持ちが社会貢献の意識に目覚め、ビル・ゲイツのように財団を立ち上げたりすることがありますよね。

「後ろ向きな性格」にもメリットはある

なるほど。それはわかりました。ちなみに、ポジティブシンキングをする人のほうが幸せになりやすいんですか？

いや、ネガティブな性格にもメリットはあるんですよ。**心配症の人**とか、**不安を感じやすい人**とか、**自分に自信が持てない人**とかが、無理にポジティブシンキングをする必要はないと思います。

娘はその気配があります。どんなメリットですか？

子どものころに不安傾向がある人は、大人になってから致命的な事故を起こしにくいというデータがあります[58]。そもそも不安という感情は、**防衛本能**ですからね。自分を守るために必要なことなんですよ。うちの子もめちゃくちゃ臆病です。

以前、ベンチャーキャピタリストの人に成功確率の高い起業家のタイプを聞いたら「心配性の人」って言っていたんです。「細かいところまで目が行き届くし、予防線の張り方が上手だ」って。

まさにそうなんです。実は私も子どものころはけっこうな心配性で、「来週のテスト大丈夫かな」とか「何か忘れていることないかな」

っていつも考えていたんですね。何かの対策を考えるときは、心配性の人のほうが抜けが少ないのは、確かにそうなんですよ。

心配症バンザイ！

それにある研究では、不安を感じやすい人ほど他人の心の状態を敏感に感知することができて、**共感性の能力が高い**ということがわかったそうです [59]。

うちの子、卒園式の練習で号泣したみたいなんです。自分が卒園するわけじゃないのに（笑）。

めちゃくちゃ共感性が高いんだと思います。

ビクビクしていることもあってこっちが心配になるんですけど、気にしないでいいのかな。

それは、神様が与えてくれた才能ですから、否定したり矯正《きょうせい》したりすることではないですよ。石橋を叩くのも個性、無鉄砲な性格も個性。「そこがあなたのいいところだよね」と言うべきであって、逆に「お前は臆病だな」と言ってしまうと、その子は「自分はダメな性格なんだ」と思い込んで生きていくことになりかねない。

気をつけないと。

あと、世の中に対していつも不平不満を持っている人もいますけど、**怒り**って必ずしも負の感情とは言い切れないんです [60]。不公平なことが目の前で起きているときに「まあいいや」と見過ごすのでは

なく、行動を起こせる人ってやっぱり怒っている人じゃないですか。もしくはバカにされた相手に見返してやると頑張る人もいます。**いつもニコニコしているのが理想というわけではない**んです。

不安や怒りの感情を持つことは、必ずしもマイナスばかりではないということですね。

不安も怒りも、ストレス要因になり得るので、なければないでいいんです。ただ、そういう感情があったとしても、それを悲観すべきではなくて、**素の自分として受け入れる**ことが大事なんですね。子どもがそうであったなら、それを個性として親が受け入れる。

となると、不安や怒りを感じやすい人は、どうやって幸福感を高めればいいんだろう。あれ、無理に幸せにならなくてもいいのかな。

感情の変動が大きいほど幸福度や生活満足度が低下し、抑うつや不安が増大するという報告もあります[61]。どんな性格であろうと、自分の**感情をコントロール**できるようになることが、持続的な幸福感につながると思うんですよ。自分の感情をコントロールするためには、自分の感情がどんなときにどんな反応を示しやすいか、ということを把握しておくことがスタートじゃないですか。

ああ、そうか。

「自分はこういう性格だからダメなんだ」と思うと自己肯定感が下がってしまいますよね。自分が心配性だと把握していれば、「今ちょっとドキドキしているな。でもここなら失敗してもリカバリーできるから、やってみようかな」と思える。もしくは、怒りっぽい人

が「また怒りがこみ上げてきた。でもここでキレたら仕事がやりづらくなるな」と自分を抑えられるようになる。

感情をコントロールできれば、心配性でも、怒りっぽくても、幸せになれるということですか。感情をコントロールするって、**自分のことを客観的に見ている**感じがしますね。

自分のことを客観的に見ることを、専門的な言葉で「**メタ認知**」と言います。メタ認知こそ、**どんな人でも幸せをつかむためのカギ**を握っていると思いますね。これについては、あとでゆっくりお話ししましょう。

メタ認知……。気になります。

幸福感を「手軽に」上げる方法

そうはいっても、人間って自分のことをそんなに簡単に客観的に見られないし、そもそも自分のことを不幸だと感じている人に「幸福感を持て」というのは難しくないですか？

その通りです。「メタ認知」以外で自分の幸福感を手軽に上げる方法をここでは２つ紹介します。１つは「**回想法**」、もう１つは「**マインドフルネス**」です。

カイソウ？

はい。回想法では、昔住んでいた家を思い出したり、昔のアルバムを見たり、昔乗っていた車をもう一度買って乗ったり、昔聴いていた音楽を聴いたり、昔の出来事を思い出して**ノスタルジア**に浸ることで幸福感や社会的つながりを強め、人生の充足感を高めると言われています[62]。脳の中では記憶に関わる海馬と、報酬系に関わる中脳黒質、腹側被蓋野などが活性化して、ドーパミン生成を促すんです[63]。もちろん、嫌な記憶については無理に思い出す必要はありませんが。

なるほど。ただ、40代でバリバリ働いている人が、少年時代や学生時代のことを懐かしんでいるのって、正直ヒマなのかなって思っちゃうんですけど。

わかります。世間でもノスタルジーに浸ることって「後ろを向いて現実逃避をしているだけ」みたいなイメージが強いんですよ。でも実はそうじゃないです。回想しているとき、脳の中で使われているのは、**未来のプランニングをするときと同じ脳の領域**なんです[64]。つまり過去を積極的に振り返ることで将来の計画が立てやすい脳に変わっていくんです。

後ろ向きの行為かと思ったら、前向きだったということですか？

そうなんです。過去があるから今があり、今があるから未来がある。こういう発想ができる脳にしていくことが重要なんですね。

何だか難しそう。

別に面倒なことをしなくてもいいんですよ。子ども時代に遊んでいた人形やミニカーが実家にまだ残っているなら、それを自分の部屋の片隅に飾っておくとか。子ども時代に友達と撮った写真を額縁に

入れて飾っておくとか。そういう「懐かしの空間」みたいなものをちょこっと作っておくだけで、効果があります。

それだけでいいんですか。あ、うちの娘に**スマホにある過去の写真**を成長の記録としてよく見せるんですよ。「自己肯定感を高める」と子育ての本に書いてあったので。それを大人もやりなさいということですか？

そういうことです。半信半疑の人も多いと思うんですけど、回想することって私たちの脳のコンディションを整える上で大事なこと。そもそも現代人って常に忙しいですよね。ストレスもいっぱい抱えていますよね。そんな状態のまま必死に仕事をするよりも、日常の中で少しでいいので過去を思い出す時間を作る。そうやって幸福感を高めて仕事をしたほうが、成果も上がるんです。

なるほど。

「ボーッとする」のも脳にメリット

続いて「**マインドフルネス**」です。過去の経験や先入観にとらわれることなく、意識を「**今、ここ**」に集中させるのがマインドフルネスです。「**瞑想**」にも似ていて、いずれも認知症リスクを下げるという報告があります。

なんか、話がだいぶ違う方向に来ましたけれども、まさかこのあと、変な壺とか売らないですよね？

いやいや（笑）。ちゃんと科学的なエビデンスのある話です。難しく考えずに、**ただボーッとする**のでもいいです。

それだけ？

1日のなかでちょっとだけ時間を確保して、ボーッとする。これが脳にとってけっこう大事なことなんです。

でもボーッとしていたら脳がたいして動かないじゃないですか。

って思いがちですけど、実はボーッとしている間、つまり特定のタスクをこなしていないときは、脳内の「**デフォルトモードネットワーク**」が活性化するんです。これは創造性やエピソード記憶の想起、未来の想像、他者の心の理解などに寄与するネットワークで、脳のコンディションを整える作業に近いんです[65]。脳にとってはこれが大切な時間なんですよ。

へーー。

瞑想を長期にわたって実践すると、「注意力」に関わる前頭前野と、「感覚処理」に関わる右前部島《とう》皮《ひ》質《しつ》と呼ばれる領域の体積が増加した[66]という報告もあります。ボーッとすることで脳のパフォーマンスも上がるということですね。

ボーッとするのも悪くないですね。

あとマインドフルネスや瞑想にはもう1つ大きなメリットがあって、それがストレスの軽減です。瞑想の実践期間が長いほどストレスを受けたときの**扁桃体**の過剰な活動が抑えられたというデータがあります[67]。ストレス耐性が上がる、キレにくくなるということですね。
マインドフルネスでもストレスレベルを軽減できるほか、**反芻《はんすう》的思考**を抑え、不安を減少させ、他者への共感性や自分への思いやりも増すことがわかっています[68]。

反芻的思考って、同じことを無限ループで考えちゃうやつですか？

そうです。

たまにあるやつだ。「なんで今日、あんなこと言っちゃたんだろう」とか「今ここで寝て締め切り間に合うのか」とか（苦笑）。布団に入ってからグルグル同じことを考えて2時間くらい眠れなかったりするんですよね。

でしょう。だからマインドフルネスって眠れないときや憂鬱《ゆううつ》なときにも効果的ですよ。私も毎日、寝る前に5分間だけマインドフルネスをしています。その日、どれだけイヤなことがあったとしても、心が落ち着くので寝つきが全然違うんですよ。

あ、そうか。わざわざ日中にやらなくても、寝る前の儀式としてやればいいのか……。ってどうやって？　無心になる？

「無心になろう！」と思っても簡単になれないので、とにかく今の自分の体の状態に意識を向けるだけでいいです。「今、空気が鼻を通過したな」とか「腕がシーツに触れているな」とか。**自分の体を客観的にモニタリングする**感じですね。今の状態をあるがまま受け入れる。

そこで「シーツの洗濯をしなきゃ。明日晴れるかな」と思ってスマホで天気予報を調べるのが私です。これがいけないわけか。

そういうことです（笑）。普段から感情のコントロールが苦手な人とか、ストレスで苦しんでいる人は、運動をして、瞑想して、たっぷり寝れば、かなりストレスレベルは下げられます。

マインドフルネスやってもいいかなと思えたのは初めてです。

7

脳にとって「よくない生活習慣」

小さな積み重ねで改善しよう

お酒、タバコ、肥満…

大人の脳によいとされるものをいろいろ見てきたんですけど、「**脳によくない生活習慣**」も当然あるわけです。それを簡単に説明しますね。

嫌な予感しかしない（苦笑）。

まずは**お酒**です。お酒はほどほどに飲むのは全然いいんですけど飲み過ぎはよくない。このグラフは、横軸が生涯に飲むお酒の量で、縦軸が局所灰白質《かいはくしつ》、つまり脳の密度だと思ってもらえばいいんですけど、こんな感じで下り坂になります（次ページ）[69]。

見事に右肩下がりだ。

まあ、実際には目盛りをよく見るとすごく差がついているわけではないですし、飲酒によってストレスが下がることもあるので、完全にダメだと言いたいわけではないです。ただ、せめて「飲めば飲むほど脳が縮む可能性がある」ということを意識してみてください、という話です。

さて、次が**タバコ**です。

飲めば飲むほど脳が縮む

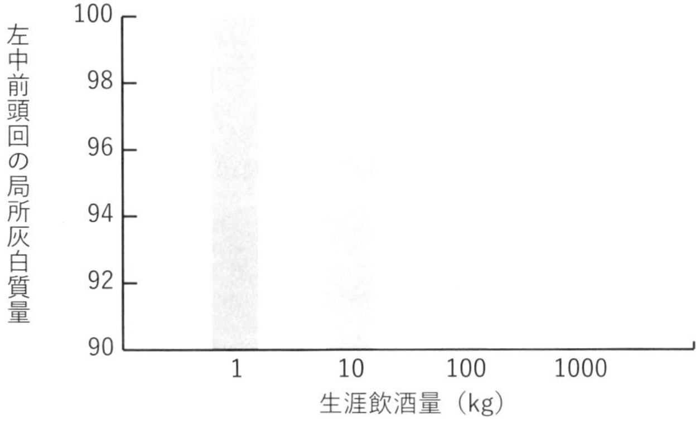

1kg：半年に缶ビール 350mL1 本程度
10kg：半月に缶ビール 350mL1 本程度
100kg：2 日に缶ビール 500mL1 本程度
1000kg：毎日ビール大瓶 633mL3 本半以上

出典：Taki Y. *et al.*, Alcoholism, 2006 より改変

来た……。先に言っておくと、私は喫煙者ですけど、タバコは私にとっての**精神安定剤**です。これがあるから集中できるんです。

わかりました（笑）。ただし、肺機能の低下が小脳などの脳萎縮を引き起こす可能性が明らかになっています [70]。喫煙習慣が認知症リスクを 1.6 倍に高めるという報告もあります [71]。

うーーー。わかりました。

あとは何度か言っている**肥満**ですね。太っている人ほど思考力を司る脳の前頭前野と海馬の萎縮が見られます [72]。また、肥満によって認知症リスクが 1.6 倍になることもわかっています [71]。

太っていいことって何もないんですね。

お酒、タバコ、肥満の共通点としては「**動脈硬化**」があります。血管の壁がどんどん硬くなってしまうんですが、動脈硬化もやはり脳の萎縮の原因になると言われています [73]。また**2型糖尿病**も、血液中に糖が増えて、それが血管をどんどん傷つけてしまうので、動脈硬化になりやすいんですね。2型糖尿病もアルツハイマー型認知症のリスク要因だと言われています [74]。

できることを積み重ねていく

先生、実は私2型糖尿病なんですけど……。運動不足で寝不足でヘビースモーカーで糖尿病って、将来の認知症確定なのでしょうか。

いやいや。そうとも限りませんよ。ここまでいろいろと解説した、運動や趣味活動、コミュニケーションなどほかのことでカバーしようと思えばできるはずです。今の自分にできることを、思い立ったその日から始めてみればいいんです。

オール・オア・ナッシングで考えるなと。

そうそう。「**100はできないけど10ならできる**」ということをいくつか組み合わせてみればどうですか。例えば、タバコの量は少しだけ減らす、保育園に行くときは自転車を使わないで歩く、食事のときは野菜から食べる、1時間多く寝る、子ども時代の写真を机に飾る、とか。

それくらいならできるかも。

それが積み重なったらちゃんと効果があるんですよ。

第5章

習慣の力を利用！
何歳になっても
賢くなる勉強

「スモールステップ法」と
「ポモドーロ法」

1

「3日坊主」は当たり前

気にせず新しいことにチャレンジしよう

ある行動を習慣化するのに平均で66日かかる

ここまで、子どもの脳と大人の脳にとってよいことについてお話ししてきました。子どもの脳を成長させ、その力を伸ばす方法と、大人の脳のパフォーマンスを上げたり、機能低下を防ぐ方法は、**多くが共通している**という話でしたね。

私の中で、脳ってなんとなく「コントロールできない存在」だったんですけど、先生の説明を聞いて、心がけ次第で脳をよくしていくことも可能なんだということがわかりました。

そう言っていただけるとありがたいです。

ただ、多くの場合、**習慣として続けること**が条件ですよね。イベント的に1回や2回何かやるだけじゃなくて、脳に刺激を与え続けないと変化していかないから、毎日あるいは毎週続けることが重要なんですよね。

その通りです。半年に1回ゴルフに行くよりも、毎日15分ウォーキングをするほうが、脳に与える影響は大きいと考えられます。

結局、それが問題なんですよ。**何か新しい習慣を身につけるって、すごく難しくないですか？**　自分が何か習慣を身につけるのも難しいし、子どもにやらせるのはもっと難しい。

よくわかります。**人が何かを習慣化するのはそもそも難しい**んです。私はスポーツ少年だったので大人になってからも走ることに抵抗はないですけど、そうではない人にとって走ることを習慣化するのは相当大変です。

めちゃめちゃ抵抗がありますよ。

運動だけじゃなくて、英語の勉強でもピアノの練習でも、それが本人にとって「新しいこと」である限り、習慣化するのは基本的に難しい。だから続けられなかったとしても、3日坊主になってしまったとしても、自分を責める必要はまったくないです。

先生やさしい（涙）。

ある行動を習慣化するには、**平均で66日**かかるという研究があります[1]。つまり、2カ月以上です。しかも、平均で66日とはいえ、バラつきが大きくて、18日から254日までと個人差がかなりあったそうです。

そんなに時間がかかるんですか……。

だから、何か新しいことを始めようと思ったら、習慣化するには2カ月あるいは半年くらいかかるものだ、と考えておいたほうがいいわけです。

なぜ新しい習慣を身につけるのが大変なのかというと、私たちの1日の行動のうち、**45%**は習慣で成り立っているという研究があります[2]。つまり、すでに半分近くの行動がほとんど無意識のうちにやっている習慣なんです。

確かに、朝起きてからのルーティンって、無意識に毎回同じことをしているかも。

そうでしょう。寝ぼけまなこで半分意識が飛んでいても、人はちゃんと行動ができる。脳のエネルギー消費を抑えるために人間に備わった機能です。逆に言えば、**無意識で行う習慣自体を変えることがいかに大変か**ということなんです。

あ、そうか。無意識レベルまで変えないといけないんですもんね。

無意識の行動は、脳の中では低エネルギーでこなせるので、太いネットワークになっているわけです。新しい習慣を身につけるためには、普段使っていないネットトーワークを使い続けないといけない。それって脳からすると「不快なこと」なんです。脳には「**現状維持バイアス**」があって新しいことを行うことを反射的に避けようとするんです[3]。

次にチャレンジするときのハードルが下がる

私、**逃げ癖**がすごいんですけど……。何かと言い訳して新しいことを始めないというか。それって、現状維持バイアスが強いわけですか。

まあ、それが普通ですよ。普段運動していない人がいきなり毎日筋トレしようとしても、「今日はサボろうかな」と思ってしまうのは自然なこと。自制心を備えていればそれを乗り越えられるかもしれませんが……。だから**「3日坊主」に陥るのは当たり前**のことなんです。

そうですか。よかった。

そもそも多くの人は3日坊主で終わると「成果が出る前にやめちゃってもったいなかったな」って反省しがちなんですけど、3日坊主になったということは、少なくとも何か新しいことを体験してみたということですよね。

ああ、英会話レッスンとか、ジム通いとか。

そうです。ただ、それによって脳の中では英会話レッスンの雰囲気とか、ジムで運動するときの感覚がどういうものなのか、といった情報を記憶するんです。それまで未知なる世界だったものが具体的にイメージできるようになる。それだけでも収穫なんですよ。何年かたってから「もう一度、英会話やろうかな」と思いついたときに、**最初の心理的ハードルが下がる**んですよ。

じゃあ、気にしなくていいと。どんどん3日坊主でやってみればいいと。

気にしなくていいです。

すごい納得感。

2

絶対に習慣を身につける方法

脳のクセを利用する

脳を騙《だま》す「スモールステップ法」

「3日坊主でいい」というのはよくわかりました。とても気がラクになるし、子どもにもいろんなことをどんどん挑戦させようと思いました。ただ、「**どうしてもこの習慣だけは身につけたい**」という場合もありますよね。

どうしても**運動の習慣**を身につけたい、とか。

ううう……。

確かに、毎日サッカーの練習をする習慣を身につけたいと子どもが望んでいるのに、サボり癖がなかなか抜けない、なんて場合もありますよね。もっとサッカーがうまくなったら楽しいのに、どうしても続かない……。

そんなときって、「**ご褒美《ほうび》を用意してモチベーションを上げる**」だとダメですか？

それも悪くない方法ですね。少なくとも、最初のきっかけ作りにはなります。先ほども述べたように習慣を身につけるのは大変なので、

使える方法はどんどん使うといいです。

でもその一方で、ご褒美がもらえなくなったら続かなくなるかもしれませんよね。「塾に行ったらお菓子を買ってもらえる」から通っていたのに、お菓子を買ってもらえなくなった途端に、やる気をなくしてしまったり。

そういう場合は、やはり第４章で少しお話しした「**スモールステップ法**」ですね。

でた！

スモールステップ法は、脳の仕組みからしても実に合理的な方法です。最初のステップをできるだけ小さくして、絶対にできることから始めます。例えばジョギングを習慣化したいなら、**玄関でランニングシューズを履くだけ**とか。

え、冗談ですよね？

冗談ではないんです。もし週２回のジョギングを習慣化したいなら、曜日と時間だけを決めて、とりあえず靴だけはく。その場でちょっと足踏みをして、その日は終わり。これを何週間か続けるんです。

運動にならないじゃないですか。

いいんです。運動のために靴を履くのではなく、「今やっていることを中断してランニングシューズを履く」という動作に脳をなじませるためにやるんです。

ああ、なるほど。

なぜ小さなステップに分解するのがいいかというと、ステップが小さければ小さいほど**拒絶反応が起きづらい**からです。脳の中でストレス反応が起きないんですよ。逆に言えば、ストレスを感じるようなステップはまだ大きいということです。

脳を騙しているわけですね。

そうなんです。これは、ほぼあらゆるケースで使えます。ピアノだったら、決まった時間にピアノの前に座って**フタをパカっと開くだけ**。ドラムだったら**1回叩くだけ**。英語だったら参考書を**パラパラめくるだけ**。

それならできる気がする。

絶対にできます。何度も言いますけど「これなら絶対にできる」ということを選んで、それを続けるんです。気づいたときにはランニングシューズを履くことが「**当たり前**」の感覚になります。

その先はどうなるんですか？

「あぁ、走りたい……」って思うようになるんです（笑)。「なんで俺、せっかく靴を履いたのに運動していないんだろう」って。

容易に想像できて笑えます（笑）。

そうでしょう（笑）。でもそこで無理をしてたくさん走ったらダメなんです。それでつらい思いをしたら現状維持バイアスが働いて、習慣化する前にやめてしまいますからね。だから次にやることは、**家の周りをとりあえず1周する**とか、**近くのコンビニまで行って帰ってくる**とか、わざと距離を短くするんです。運動不足の人がいきなり5キロとか走っても、翌日の筋肉痛がトラウマになって、もっと運動嫌いになるかもしれないですからね。

絶対にできることをコツコツとやる。先生もこのスモールステップ法を使っているんですか？

もちろんです。例えば私は今、週に2回家族でジョギングをしています。子どもに運動習慣をつけさせたいと思ったからです。私自身は普段から筋トレやなわとびをしているので走るのはいいんですけど、問題は子ども。いきなり長い距離を走らせたらいやになってしまいますよね。だから最初のうちは、**近所を1ブロック走る**ことから始めたんです。夕食のあとに。

ほうほう。

で、半年くらいかけて距離を伸ばしたんですけど、今では**2キロ**走っています。小学生ですから、2キロでも十分な運動になるんですよ。

2キロ、スゴイですよ。

何かを新しく始めるときは、無理して自分を追い込まなくていいんですよ。自分が楽しめる範囲でいいんです。

ちなみに、先生は毎日、ジムに行って筋トレをしているんですか？

いえ、それだと時間を確保するのが大変なので、職場と自宅にヨガマットをそれぞれ常備して、ちょっとした空き時間にその上で筋トレをやるようにしています。**腕立て、腹筋、背筋を 20 回ずつ**。これだと 3 分で終わるから大学の業務の合間にもできます。それを 1 日に 10 セット。

20 回ずつならできそうな気がする……。あ、これもスモールステップか。1 日 10 セットということは、**1 日 200 回**ずつ！！

そうなんです。1 セットやるといい気分転換になりますよ。
あと、スモールステップ法は何か課題や勉強に取り組むときにも効果を発揮します。学生を対象にした研究では、しっかりと目標を設定して、それを小さな目標に分割したほうが、最終的な目標の達成度が高かったそうです [4]。

私も本の原稿を書くときに「1 カ月で 10 万字か」と思うと気が重くなって夜寝つけなくなるんですけど、「**1 日 5000 字か**」と思うと気が楽になって、できそうな気がするんですよね。

まったく一緒です。私も最初は筋トレが全然できず、腕立て、腹筋、背筋、スクワットを 3 回ずつ、1 日 1 セットから始めました。まさにスモールステップです。そこから少しずつ回数を増やして、今の回数になりました。

「ゲーム化」してきっかけ作り

スモールステップ法、使えそうですね。ただ、子どもにさせようとすると難しさもあるかもしれない。「パパ、なんで靴だけ履くの？」って言いそう。

納得しないでしょうね（笑）。先ほども言ったように、私は子どもと最初は近所を１ブロック走りました。そのように、**スタートの設定を少し工夫する**必要があるかもしれません。まずは朝一緒に散歩する習慣を身につけて、それからジョギングに発展させるとか。もしくは、朝食の前に絵本を読むことが習慣になっていれば、子どもが大きくなったら朝学習の習慣にできるかもしれません。

子どもが小さいほど何か工夫が必要なのかも。

子どもに何か習慣を身につけてもらうためのきっかけとしては、「**ゲーミフィケーション**」も利用できます。本来ゲームではない行為にゲームの要素を含ませて、その行為自体に慣れてもらうという手法です。

ほう。例えば？

オムツがまだ外れていない小さい子どもがトイレで用を足せたらシールをあげるようにすると、シールが増えるのがうれしくて自分からトイレトレーニングを頑張るようになったり。勉強やお手伝いでも、何か１つやるたびに紙にシールを貼って「可視化」するとやる気が出たりします。こうして脳がその行為に慣れていくんです。

大人でも使えそうですね。フィットネスのゲームで、ランキングを世界中で競ったらみんな頑張りそう。

ゲーミフィケーションが心身の健康にどう影響を与えるかについての研究では、その多くがポジティブな結果になっています[5]。ただし、ゲーミフィケーションは行動を変えるきっかけにはなるけれども、内発的動機づけ、つまり「**やりたい！**」という気持ちを起こさせるかどうかは、まだわからない場合も多いんです。「シールがほしい」という気持ちを起こさせても、「お手伝いをしたい」という気持ちにはつながらない可能性もあるというわけです。

給料のためだけに働く会社員みたいな……。

そうなる恐れがあるということですね。いつかはご褒美のためだけではなく、自分の意思で取り組んでもらえるようになってほしいですよね。

実は私、娘と「**学校ごっこ**」というのをよくやっていて、私が先生役になってひらがなや英語や算数を教えているんですよ。ストレートに「ひらがな練習しようか」と言っても拒否されますが、「学校ごっこやろうか？」と言ったらやってくれる。でも、確かに、「パパと遊びたい！」という感情しか喚起できていないかもしれませんね。

まさにゲーミフィケーションですよ。遊びながら慣れてもらう。あとはいかに内発的動機づけにつなげていけるかですね。**努力をほめたり、成長をほめたり**。

きっかけを作ったり、慣れてもらうのにはとても役立ちますね。

お手伝いにしても、4歳くらいの子どもにとっては「手伝ってくれて助かったよ」という言葉が実は最高のご褒美なんです。なのでニンジンで釣らなくてもよさそうなときは使わず、どうしても行動を起こしてくれないときだけニンジンを使うのがいいかもしれませんね。

わかりました。

最終的には、「運動は自分の体のためにやるんだ」とか、「お手伝いは人のためにやるんだ」などと内発的動機づけにつなげていければ、行動はどんどん変わっていくと思いますよ。

3

「ポモドーロ法」で集中力アップ！

キッチンタイマーを使う勉強法

25分の勉強と5分の休憩を繰り返す

ここまで、何か新しい習慣を身につけたいときに、スモールステップ法やゲーミフィケーションを活用することについて説明してきました。

確かに応用できそうですし、子どもの学力を伸ばすためにも実際にやってみようとは思います。ただもう1つ具体的に知りたいのは、「**勉強法**」そのものなんです。

ほう。

先生は大学を2回卒業していますし、しかも医学部に入って医師免許をとって、博士号までとったわけですよね。相当、勉強量が必要なのに、勉強時間は1日3時間以内だったと。とてつもなく効率のよい勉強法を実践してきたんじゃないでしょうか。

私が実際に学生時代に使ってきた学習法は、今考えると「**ポモドーロ法**」に近かったと思います。脳の仕組みから考えても理にかなっていて、私は今、**仕事や研究**をするときにこれを使っていますよ。

ポモドーロ？　パスタみたい。

実際に**イタリア語でトマトという意味**なんですよ（笑）。1980年代にイタリア人のフランチェス・シリロさんが学生時代に考案した時間管理のテクニックで、タイマーを使って**25分の作業と5分の休憩**を交互にやっていくというものです。シリロさんが使っていたのがトマトの形をしたキッチンタイマーだったらしいんです。

冗談だったのに（赤面）。

方法は簡単です。まず勉強や仕事をする場所で、**気の散りそうなものを排除します**。スマホやタブレット端末は別の部屋に置いたり、マンガを本棚に片付けるといった具合に。集中力が勝負なので、意識が奪われそうなものを徹底的に排除する、少なくとも視界に入らないようにするのがコツです。

なるほど。私は仕事をするときにたまに音楽をかけているんですけど、音楽はどうなんですか？　歌詞のない曲にするようにはしていますけど。

かけないほうがいいかもしれませんね。実際に集中しているときって音楽はほとんど耳に入らないはずですけど、音楽によって注意力が散漫になり、作業記憶が低下して学業成績に悪影響を及ぼすというデータもあります[6]。

なるほど。そこまで自分を集中させるんですね。

環境が整ったらタイマーを 25 分にセットします。スマホのアプリでタイマーをセットするとスマホ自体が気になってしまうので、シリロさんみたいに**キッチンタイマー**がいいと思います。100 円ショップで買えますからね。そして 25 分は「これをやる！」と決めたことだけに専念して作業をします。

ということは……25 分でやり切れるようにタスクをコマ切れにしておく必要があるということですね。今までいろんな経営者に取材をしてきましたけど、マルチタスクをこなす秘訣は、仕事をいかにコマ切れにできるかだと言う方が多いです。

まさにそうなんですよ。タスクを「25 分でギリギリ終わるかな」くらいに調整すると、さらに集中力が上がります。

というか 25 分の根拠ってなんですか？　シリロさんにはそれが合っていたんでしょうけど。

もちろん、ちょうどよい時間の長さは個人差があるかもしれないので、多少時間を長くしたり短くしてもいいでしょう。ただ、ある研究で学生の集中力を評価したところ、集中力が作業を始めて **10 ～ 15 分**くらいすると一気に最大まで急上昇して、その後は少しずつ低下していくことがわかったんですよ [7]。

集中力って一定じゃないんですね。しかも持続時間が意外と短い。

そうなんです。ピークからフワーっと落ちていく感じなんです。だからピーク前後のときに作業に専念できている状態を作ることが大事なんですね。

面白い！

そして25分やりきったら**5分休憩**。目を閉じてリラックスするとか、音楽を聴くとか、体を軽く動かすとか、コーヒーを入れるとか、作業のときとは気分を入れ替えて自分にとって心地よいと感じる時間を過ごすのがポイントです。休憩が終わったら、また次の25分間、これをやると決めたことに全力で集中する。この周期を忠実に繰り返します。

忠実か。確かに25分どんなに集中しても、次25分休憩したら生産性悪そう。

最初は少し慣れないかもしれないですけど、この方法を毎日続けていれば、「5分休む」という感覚がつかめてきます。

5分の休憩の目的は、脳を休ませるためですか？

いったん集中力を解く、という意味では脳を休ませているんですけど、学習後の短時間の休息によって新しい記憶の定着を促進させることができるという研究があります[8]。なので5分休憩するときも、できるだけリラックスしましょう。

とりあえずYahoo!ニュースを見ちゃいそう……。

前頭前野を休ませたいので、あまり文字情報は見ないほうがいいかもしれません。

でも、結構短い周期ですよね。会社で 30 分おきに 5 分休憩していたら、怒られないかな（笑）。

仕事できちんと成果を出していたら問題ないですよ。集中力が途切れ途切れの状態で仕事をしている人が、ポモドーロ法に変えたら、本人がびっくりするくらいアウトプットの量と質が上がるはずです。実は学校の 50 分授業や、大学の 90 分講義って、人間の集中力のサイクルからすると長いんですよね。

とりあえず子どもがおとなしく席に座っていれば満足する大人っていそうですけど、必ずしも集中できていないだろうと。

2 時間座っていても集中しているのが最初の 15 分だけだったら効率はよくないですよね。

そうか。なんかわかった気がします。私も家で原稿を書いていて、全然集中できないときがあるんですよ。そういうときは騙し騙しやるんですけど、そんな中途半端なことをしないで、ポモドーロ法で時間を区切ってやればよかったんですね。

そうなんです。25 分集中すると思うからこそ、効率を上げられるんです。

毎日複数の科目を勉強するほうがよい

子どもの学力を上げるためには、ポモドーロ法と組み合わせると有効な学習法がいくつかあります。
1 つは「**復習**」です。勉強した内容を、数日後に改めてやってみると、記憶がどんどん強固なものになっていく[9]。その結果、単に暗記できるようになるだけではなくて、「意味のある学び」になっていくと言われています[10]。

意味のある学び？

応用が利くようになったり、関連するテーマごとに芋づる式に記憶が引き出されたりする状態です。ネットワークが強化されるので、情報が引き出しやすくなるんですよ。また、よい成績を修めている学生ほど、講義当日に前回の復習をしている割合が高いというデータもあります[11]。

結局、単に丸暗記するのではなく、自分の血肉にするには、その情報に何度もアクセスする必要があるということですね。

そういうことです。あと、特定の種類の問題ごとに学ぶ「**ブロック学習**」よりも、種類の違うさまざまな問題を織り交ぜて学ぶ「**多様性学習**」のほうが試験の成績が高いという研究もあります[12]。

どういう意味ですか？

大まかに言えば、1日に30分1セットの勉強を5セットするとして、1つの教科を5回やるのが「ブロック学習」、国語、数学、理科、社会、英語と5教科やるのが「多様性学習」です。私も昔から後者のやり方で勉強をしてきましたが、どう

やら脳内のネットワークが有機的に結合されるようです。

へぇ。それぞれの教科で学んだことが脳内で結びつくわけですね。

あと、ノートを取るのであれば、**ビジュアル要素**を入れたノートを作ったほうが記憶に残りやすいという研究もあります [13]。

ビジュアルかぁ。やってもせいぜい**蛍光ペン**止まりだったな……。

それもビジュアルですよ。ただ、確実に覚えたいことについては、**簡単な図**にしてみるとか、**イラスト**を入れてみるとか、ちょっとだけ手間をかけてみるといいわけです。

その図を描く時間がもったいないと思ってしまうんですよね。

それで**記憶に定着しやすくなる**んだったら、長い目で見れば時間の節約になるかもしれないですよね。

それもそうかもしれない。
試験前にやると成績が伸ばせるコツはありますか？

王道ですけど、**過去問**があるような試験であれば過去問を解くことですね。受ける試験と似た模擬試験で練習しておくのが試験準備で最もよい方法の１つだという研究があります [14]。

なるほど。

それで、単に過去問を解くだけでなく、間違えたものを把握して正解できるように重点的に学び直すのが成績の向上につながるという研究もあります[15]。結局、学びって**失敗を挽回する過程**のことだと言われていますから。解ける問題ばかり何度も解いたってそれ以上点数は上がりません。

そんな人いるのかなぁと一瞬思ったんですけど、自分が弾ける曲ばかり弾いているから全然ギターが上達しない私のことでした（汗）。

それはそれで楽しいからいいじゃないですか。でも本気でギターをうまくなりたいと思ったら、自分の弱点といかに向き合えるかになってくるわけですよ。

そうですよね。

親が空回りしてもいい？

さて、この章ではここまで、新しい習慣を身につけるためのスモールステップ法やゲーミフィケーション、そして勉強や仕事の効率を上げるポモドーロ法などについて解説してきました。
私が用意してきた材料は、これで以上になります。どうです？　この本の目的は達成できそうでしょうか。

そうですね……。実は、**何か１つ足りない**ような気がするんです。私が知りたいのは、子どもがたくましく生き、幸せになるために自分ができることは何か、ということなんですけど……。

ほほう。足りないピースは、どんなものでしょうか。

脳に刺激を与え続けると、子どもでも大人でも脳は変化していく。どんなことが脳にいいのか、どうやって習慣づければいいのかについても教わりました。ただ、本当に子どもの幸せにつながるかどうか、いまいち確信が持てないんです。

なるほど。子どもの幸せを願うのは親心ですが、それが空回りするかもしれない、というようなことでしょうか。

そうですそうです。よかれと思ってアレコレ勧めてみるものの、**的外れ**かもしれないですよね。子どもの脳内のことなんてサッパリわからないし……。

よくわかります。それでは、次の章でその問題について一緒に考えてみましょう。ちなみに私は、親が多少的外れなことを勧めても、空回りしても別にいいんじゃないかと考えています。

えぇ？　カッコ悪くないですか……。

それに、そうやって子どもの将来の幸せのために試行錯誤することで、親が自分自身について見えてくることがあるはずです。

ホントですか？　何だろう。

詳しくは、次の章で！

第6章

自分のあるがままを受け入れる「メタ認知」

子どもの成長も促せる

1

切り札は「メタ認知」

客観的にものごとを見るには？

自分のこと他人のこと、あるがまま受け入れる

最後の章でお話ししたいのは、「**メタ認知**」についてです。

メタ認知……。どんな人でも幸せになるためのカギを握っているのがメタ認知だと、第４章でおっしゃっていましたね。

はい。そして、前の章の最後で、「よかれと思ってアレコレ勧めてみても、**的外れかもしれないし空回りするかもしれない**から心配だ」と聞いて、メタ認知についてお話ししなければとさらに思ったのです。

どういうことですか？

自分の子どもには、将来こうなってほしい、という気持ちが親なら誰にでもありますよね。

そりゃそうですよ。勉強だってできるに越したことはないし、よい大学に入ってくれたらうれしいし。先生だって自分のお子さんに医者になってくれたらいいなとどこかで思っているわけですよね。

その通りです。でも、医者になれ、とは言いません。過剰な期待を感じてほしくないし、自分で自分の道を見つけてもらいたいですから。

それは私もそうですよ。だから、子どもが成長するためにいろんなきっかけを作りたいですけれども、**自分が一方的に押しつけたりしないように注意したい**んです。でも、そうやっていろいろためらった結果、空回りしたり、的外れなことを提案したりするかもしれないですけど。

その気持ちよくわかります。そして、「自分は子どもにこうなってほしい」という気持ちに気づくことが、メタ認知を獲得する第一歩ではないかと思うのです。

え、そうなんですか。確か、メタ認知って**自分のことを客観的に見ること**でしたよね。

そうです。そして、他人のことも同様に客観的に見ることです。自分のことも他人のことも、**あるがまま事実として受け入れます。**

親って、子どものことはよくわかっている、客観的に見ていると思っても、意外とそうじゃなかったりするんですよね。「子どもにはこうあってほしい」というバイアスから抜けられないのかなぁ。

そうかもしれません。ですが、子どものことを客観的に見られるようになったら、「今、子どもに必要なのはこれだ」と的確なアドバイスができる可能性は高まりますよね。

ホントだ。あれこれ迷って空回りしなくて済むかもしれない。

さらに、もし子どもにメタ認知を身につけさせることができたら、将来の幸せにつながるかもしれませんよ。

おお、できるかな、そんなこと……。

自分自身のことを脳が考える時間は少ない

確かにメタ認知は簡単ではありません。自分自身のことや、自分が置かれている環境、自分にとっての課題などを客観的に認識するって、すごく難しい。なぜなら、脳は普段、猛スピードでさまざまな情報を処理していて、**自分自身に関する情報を扱う余裕があんまりない**んです。

そういえばそうですね。目の前にある仕事についてばっかり考えちゃう。

「**デジタルデトックス**」といって、一定期間スマホやパソコンなどのデジタルデバイスから距離を置く取り組みもありますが、それは**自分自身を見つめ直す時間**を作ることにほかならないんです。

あれってそういうことなんですか。仕事から逃げる口実だと思っていました（笑）。

違うんです（笑）。「自分の脳はこういう癖がある」ということにはなかなか気がつかないし、そういった情報はとても貴重で、それが人を成長させるきっかけになったりするわけです。

でもどうすればいいんですか？　この歳でフリーランスをやっていると、会社員と違ってフィードバックをくれる人なんてほとんどいないし。自分のことを客観的に見る手がかりがない。

メタ認知も脳の高次機能の１つだと考えれば、繰り返し刺激を与えることで、太いネットワークができて、誰でもメタ認知ができるようになるはずなんです。

詳しく教えてください！

2

客観的に見ることで脳の力を伸ばせる

メタ認知はこんなに役に立つ

本書の“裏テーマ”だったメタ認知

メタ認知とは、**自分のことを俯瞰《ふかん》的にとらえ、客観的な判断を下すための力**だと言えます。事実をあるがまま受け入れるということです。実は、メタ認知の重要性については、この本を通してずっと言っていたんです。ある意味、本書の“**裏テーマ**”はメタ認知でした。

え？　全然気がつかなかった。

例えば、第１章では、IQ（知能）などの**モノサシに振り回される必要はない**と言いましたが、それこそメタ認知です。脳には凹凸があり、自分の凹凸も他人の凹凸もそれぞれ認めるということだからです。

なるほど……。ほかにはありますか？

「**しなやかマインドセット**」もそうですね。自分は成長できないと思い込むのではなく、コツコツ努力することで成長できるという考え方を身につけるためには、自分の今の課題は何か、それをどう乗り越えればいいのか、ということを客観的に見る必要があります。

そうか。

あと、第2章でつい長くしゃべってしまった「**自己肯定感**」も、まさにメタ認知を身につけようという話ですよ。自己肯定感が高いか低いかというのは表面上のことで、「ありのままの自分を受け入れる」というのが自己肯定感ですから。

子どものありのままを受け入れて、よいところを見つけてあげようとおっしゃっていましたね。

ズバリそこなんです。「あ、自分にはこんなよさがあるんだ」と気づけるフィードバックが、自分を客観視するきっかけになるんです。まだまだあります。第4章では、**感情をコントロールすれば幸福感を得られる**という話をしましたが、これもメタ認知でしたね。ネガティブな感情でも否定せず、いったん受け入れるということは、メタ認知につながります。だから、メタ認知ができるようになると幸福感が上がるんです。

なるほど。ネガティブな性格でもメリットがあるということでしたね。「こんな性格でもいいんだ」と思えるのは、メタ認知かもしれない。

「**マインドフルネス**」だって、「今、ここ」に集中して自分の体の状況を客観的にモニタリングしようということなので、これもメタ認知のトレーニングになります。

幽体離脱みたいな話だなと聞いていたんですけど、たしかにそうですね。

さらに第５章の「**スモールステップ法**」と「**ポモドーロ法**」は、メタ認知とセットで威力を発揮するんです。「これなら絶対にできる」という小さなステップに分解するのも、25分で終わるタスクを用意するのも、自分のことを客観視できていればさらに効率的になる。何でもかんでも「根性で乗り切ろう！」という発想だと機能しないやり方なんです。

うわー、そうかぁ。**根性とは真逆なのがメタ認知**なんですね。なんだか映画の最後で伏線が回収されていっている感じです（笑）。

知的好奇心でメタ認知を獲得

先生はどこかでメタ認知のトレーニングを受けたんですか？

結果的に、自分でトレーニングを積んでいました。実は私、自分のことを「頭がよい」と思ったことは一度もないんです。

いやいや、またまたご謙遜を。

本当なんです。確かに小中高の成績は悪くなかったし、医学部を再受験して合格しましたし、今の立場になるのも同世代と比べて早かったですけど、自分のことを「頭がよい」と思ったことはないです。むしろ、周囲の人の「よいところ」をなぜか目ざとく見つけることができるんです。

どういうことですか？

例えば、クラスメートのことを「なんて頭の回転が速いんだろう」とか「なんて語彙が豊富なんだ」とか「絵のセンスがズバ抜けている」などと、客観的に見ることができた。つまり、その人に自分にはない能力が備わっていると気づいて、その結果、自分を客観的に見られるようになってきたんです。

へぇ～。でもそういうのって、**嫉妬《しっと》**の気持ちはないんですか？　中高生だったら、「なんでアイツは俺より……」ってなりそう。というか、大人になってもそういう人いますよね。

それが、持って生まれた性格なのか、嫉妬したことがないんです。むしろ、自分には何が必要か、自分が伸ばすべきなのはどんなところかを考えるきっかけになっていました。

めちゃくちゃ「しなやかマインドセット」じゃないですか。

私は今、たまたまアカデミアの世界にいますけれど、ここでも自分より賢い人はたくさんいて、圧倒的な成果を出す人もいます。そんな人を見つけては、「自分に足りないものはなんだろうか？」「今のやり方で改善できることってなんだろうか？」って考えてきたんです。

スゴイなぁ。どうしてそんなことができるようになったんですか？

それは子どもの頃、**知的好奇心**がとにかく旺盛だったからじゃないかと、今になって思いますね。

ここで知的好奇心に戻ってくるんですね！

例えば、人前で勉強しているそぶりを見せない同級生がテストで100点を取ったとしましょう。ある同級生は「俺はバカで、あいつは地頭がいいだけだ」とあきらめてしまう。ほかの同級生は「足の速さでは負けないし……」とほかのことで張り合って自分を納得させる。でもそこで私は「自分との違いはなんだろう？　勉強の仕方が根本的に違うのかな？　**知りたい！**」と思うわけです。これって単なる好奇心なんです。

え、「知りたい」って思って、実際に聞くんですか？

もちろん聞きます。今でもそうですよ。私は今、教授であり経営者でもありますが、大学院生にも、ほかの経営者や従業員にも、わからないことはどんどん聞くようにしています。これが最高に勉強になるんです。

普通は自分をよく見せようとしたりしますよね。マウンティングしあったり。中高生でも、大人でも。

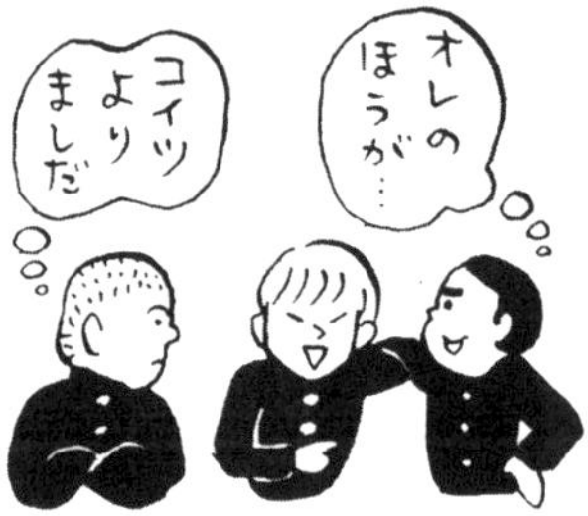

私は昔からそういうことにまったく興味がないんです。他人の優れたところを見つけても、「自分を卑下《ひげ》しない」というニュートラルな状態で受け止める。逆に、自分が優れている点に気づいても「過信しない」。これがメタ認知の肝《きも》なのかもしれません。

「**卑下しない、過信しない**」。いい言葉だなぁ。

卑下する人は、自分の弱点や失敗を「自分がダメだから」で片づけてしまう。過信する人は、「俺はスゴイ」と弱点や失敗を直視しようとしません。そうではなく、ただ事実をいったんあるがまま受け入れる。だからこそ、「じゃあどうすればいいか」と建設的なことが考えられるわけですよ。

3

あきらめたら
そこで成長が止まる！

コツコツ続ければ脳は変わる

メタ認知ができるようになるレッスン

私みたいなおっさんが今さらメタ認知ってできるんですか？

もちろんです。とりあえず**一度立ち止まって**、考えてみることから始めてみるのはどうでしょう。立ち止まって、「**あるがまま**」を受け入れるんです。

メタ認知のために「あるがまま」を受け入れる

- **自分の長所や短所をあるがまま受け入れる**
- **職場や家族からの評価もあるがまま受け入れる**
- **子どもを含む他人の長所や短所もあるがまま受け入れる**
- **不快なこと、期待することではないこともあるがまま受け入れる**

できるかなぁ。

いきなりは難しいでしょうけど、少しずつでも取り組んでいったら、人生が変わると思いますよ。自分を卑下することもなくなるし、子どもとの接し方や、配偶者や恋人、友人、同僚や上司との関係がガ

ラッと変わるはずです。

感情のコントロールもできるようになると。

自分や他人に関して「ダメ！」「許せない！」って感じたときに、あえてそれを受け入れることが、メタ認知のレッスンになります。

でも頭に血が上っているときに、そんなことできない気がするんですけど……。

毎回できなくてもいいんです。少なくとも「メタ認知」について脳にインプットしたのですから、それがちゃんと脳の中で定着していれば、頭に血が上ったあとに、時間がたってからでもいいので、「そういえばあのとき、あるがままを受け入れていなかったな。メタ認知できていなかったな」と気づくことができるかもしれない。

そうか、なるほど。

「メタ認知できていなかった」と気づいたということは、**脳の中でメタ認知に関するネットワークを使った**ということですから、それを繰り返していけばネットワークが太くなっていくわけです。

ちょっとやってみようかな。

そもそも、以前は「脳なんて自分で変えることはできない」と思っていたわけですよね。それが、こうしていろいろとお話をしていくことで、「コツコツ努力すれば成長できる！」と考えられるようになったわけじゃないですか。

そうだ、これだって可塑性だ。

メタ認知だって、あきらめたら獲得できませんよ。自分の脳の凹凸を受け入れ、**卑下しない、過信しない**というスタンスでのぞめば、きっとできるはずです。

あきらめた瞬間に、成長が止まるんですよね。

そうです。できることからコツコツとやりましょう。

はい、頑張ります！

私も頑張ります。

子どもの成績に一喜一憂しないためのメタ認知

編集者Tです。塾の算数のテストで「偏差値20台」を取ってきたときは頭が真っ白になりました。自分は中学受験をしなかったので、そんな成績があり得るなんて想像もできず……。

だから、瀧先生からさまざまな話を聞いたとき、「メタ認知」こそ、中学受験にのぞむ子どもを持つ親が持つべきものだと思いました。

どんな成績を取ってきても受け入れるのはなかなか難しいのですが、「メタ認知、メタ認知……」と心の中で唱えながら向き合っています。

私には夢があります。世界中の美しいチョウを集めた博物館を作ることです。

子どもの頃、自然に対して大きな好奇心が芽生えるきっかけになったのが、美しいチョウの標本を見たことでした。出身地である北海道旭川市の市立科学館の一角に、日本各地のチョウの標本が飾ってあり、そこで沖縄の美しいチョウの標本を見てとても感動しました。その感動を次の世代の子どもたちに少しでも伝えたいという思いから、今度は自分がチョウの博物館を作りたいと思っているのです。

博物館を作るためには、さまざまな準備が必要になりますし、運営者としてのスキルも身につけなければなりません。

実現する筋道については十分に調べてきましたが、いかんせん何年かかるかわかりません。その博物館で目をキラキラさせた子どもたちを歓迎することこそ、私が心の底からやりたいことなので、1日でも長く心身ともに健康でいられるように、自分自身の日々の生活には気をつけるようにしています。

私がドラムを叩いてストレスを発散するのも、仕事の合間に筋トレするのも、子どもと一緒にジョギングをするのも、それぞれやりたくてやっているのですが、一方で自分の夢を実現するためでもあります。自分のやることすべてに意味づけができると、1日の重みが変わり、朝起きるのが楽しみになります。

本書第２章の「やり抜く力（GRIT）」の説明で、子どもたちに長期目標を持ってもらうことの重要性を説きました。「勉強のための勉強」をするのではなく、「自分の夢を叶えるための勉強」として取り組んだほうが、脳のパフォーマンスが圧倒的に上がり、夢に近づくからです。

それは大人にも同じことが言えるのではないでしょうか。大人だからこそ夢を持ち、それを実現するためにやるべきことに取り組めば、脳のパフォーマンスも上がり、毎日が充実します。

ですから、本書で最も伝えたかったことの１つは、「大人こそ夢を持とう」です。「夢と言われてもすぐには思いつかない」という方も多いかもしれません。そういう方は、まずはご自身の過去を回想してみて、いつの間にか封印していた夢を思い出し、改めて開封してみてはいかがでしょうか。

私は長年、認知症研究に携わってきました。認知症を予防するために、どのような運動・食事・趣味がよいのかについては、本書でも解説した通りです。
しかし、「認知症の予防のために、これをやろう」と思うよりも、「自分の夢を実現するために、これをやろう」と思って取り組んだほうが、ずっと効果的で、長続きしやすく、何より楽しいに決まっています。

何歳になっても夢を持ち続ける方の脳は、成長し続けます。この本がきっかけとなってみなさんの夢が実現に近づくことを願ってやみません。

東北大学教授　瀧靖之

参考文献

第 1 章

瀧靖之監修『東大脳の育て方』2017 年、主婦の友社

Gruber M.J. *et al.*, Neuron, 84(2):486-96., 2014

Mueller C.M. *et al.*, Journal of Personality and Social Psychology, 75(1):33–52., 1998

Mangels J.A. *et al.*, Social Cognitive and Affective Neuroscience, 1(2):75–86., 2006

Taki Y. *et al.*, NeuroImage, 60(1):471-5., 2012

Bouchard T.J. *et al.*, Science, 212(4498):1055-9., 1981

Shapka J.D. *et al.*, Educational Research and Evaluation, 12(4): 347–358., 2006

Ray C.E. *et al.*, School Psychology Review, 35(3): 493-501., 2006

Bailey D. *et al.*, Journal of Research on Educational Effectiveness, 10(1): 7–39., 2017

Coupe P. *et al.*, Scientific Reports, 9:3998., 2019

Goncalves JT *et al.*, Cell, 167(4):897-914., 2016

Schmidt-Hieber C. *et al.*, Nature, 429:184–187., 2004

Dahlin E. *et al.*, Science, 320(5882):1510-2., 2008

Masui Y. *et al.*, Age, 28(4): 353–361., 2006

Thompson R.A. *et al.*, American Psychologist, 56(1):5-15., 2001

Taki Y. *et al.*, Journal Affective Disorders, 88(3):313–320., 2005

第 2 章

Gilbert S.J. *et al* ., Current Biology, 18(3):R110-4., 2008

Miyake A., P Shah (Eds), “Models of working memory”, Cambridge University Press, 1999

Tangney J.P. *et al.*, Journal of Personality, 72(2):271-324., 2004

Duckworth A.L. *et al.*, Psychological Science, 16(12):939-44., 2005

Walter M. *et al.*, Journal of Personality and Social Psychology, 21(2):204-218, 1972

Kashdan T.B. *et al.*, Motivation and Emotion, 31(3):159-173, 2007

Ainley M. *et al.*, Journal of Educational Psychology, 94(3):545–561., 2002

Rathunde K. *et al.*, Journal of Youth and Adolescence, 22:385–405., 1993

Bergin D.A. Journal of Leisure Research, 24(3):225–239., 1992

Roberta M.M. *et al.*, Journal of Advanced Academics, 8(3):111-120., 1997

Moesch K. *et al.*, Talent Development and Excellence, 5(2):85-100., 2013

Root-Bernstein R. *et al.*, Journal of Psychology of Science and Technology, 1(2):51–63., 2008
Dankiw K.A. *et al.*, PLoS ONE, 15(2):e0229006., 2020
Iacoboni M *et al.*, Nature Reviews Neuroscience, 7(12):942-51., 2006
Meltzoff A.N., Developmental Psychology, 24(4):470–476., 1988
Gajda A. *et al.*, Journal of Educational Psychology, 109(2):269-299., 2017
Bart WM *et al.*, International Online Journal of Education and Teaching, 7(3):712-720., 2020
Hansenne M. *et al.*, International Journal of Educational Research, 53:264–268., 2014
Roger E.B. *et al.*, PNAS, 115(5):1087-1092., 2018
Mahmud M.M., Procedia - Social and Behavioral Sciences, 134:125-133., 2014
Yahaya A. *et al.*, Archives Des Sciences, 65(4):2-17., 2012
Feitosa F. *et al.*, Temas em Psicologia, 20(1):61-70., 2012
Kennedy D. et al., Trends in Cognitive Sciences, 16(11):559-572., 2012
Hart B. *et al.*, Developmental Psychology, 28(6), 1096–1105., 1992
Hart B. *et al.* “Meaningful Differences in the Everyday Experience of Young American Children”, Baltimore, MD: P.H. Brookes Publishing, 1995
Fowler W., “Talking from Infancy: How to Nurture and Cultivate Early Language Development”, Cambridge, MA: Brookline Books, 1990.
Cascio N.C. *et al.*, Social Cognitive and Affective Neuroscience, 11(4):621–629., 2016
Hosseini S.N. *et al.*, Iranian Journal of Psychiatry and Behavioral Science, 10(1):e4307., 2016
Harris P.S. *et al.*, Journal of Experimental Social Psychology, 70:281-285., 2017
令和元年版「子供・若者白書」内閣府 2019 年
Matsudaira I. *et al.,* PLoS ONE, 11(4):e0154220., 2016
国立青少年教育振興機構「子供の頃の体験がはぐくむ力とその成果に関する調査研究」2018 年
Mueller C.M. *et al.*, Journal of Personality and Social Psychology, 75(1):33–52., 1998
Dahlin E. *et al.*, Science, 320(5882):1510-2., 2008
アンジェラ・ダックワース著『やり抜く力 GRIT――人生のあらゆる成功を決める「究極の能力」を身につける』2016 年、ダイヤモンド社
Duckworth A. *et al.*, Journal of Personality and Social Psychology, 92(6), 1087–1101., 2007
Maurer M. *et al.*, Journal of Happiness Studies 17(5):2119–2147., 2016
Lisa S. *et al.*, Child Development, 78(1): 246-263., 2007
Oettingen G. *et al.*, Social and Personality Psychology Compass, 10(11):591-604.,

2016
清水茜著『はたらく細胞』2015 年〜、講談社
デイビッド・エプスタイン著『RANGE（レンジ）知識の「幅」が最強の武器になる』2020 年、日経 BP
瀧靖之監修『東大脳の育て方』2017 年、主婦の友社
『プレジデント Family 2016 秋号』2016 年、プレジデント社

第 3 章

Fisher L., International Journal of Behavioral Development, 20(1):67–82., 1997
Albers E.M. *et al.*, Journal of Child Psychology and Psychiatry, 49(1): 97-103., 2008
Patricia K.K. *et al.*, PNAS, 100 (15) 9096-9101., 2003
Labby S. *et al.*, The Journal of Multidisciplinary Graduate Research, 2(4):48-64., 2016
Leahy M.A. *et al.*, Journal of Educational and Developmental Psychology, 7(2):87-95., 2017
Zajonc R.B., Journal of Personality and Social Psychology, 9(2, Pt.2), 1–27., 1968
Gruber M.J. *et al.*, Neuron, 84(2):486-96., 2014
Hoffman M.L., Developmental Psychology, 11(2), 228–239., 1975
Klein P.J. *et al.*, Developmental Science, 2(1): 102–113., 1999
Bargh J.A. *et al.* Journal of Personality and Social Psychology, 71(2):230–244., 1996
Chaddock L. *et al.*, Brain Research, 1358:172-83., 2010
Hashimoto T. *et al*, Developmental Neuroscience, 37(2):153-60., 2015
Stettler N. *et al.* Obesity Research, 12(6):896-903., 2004
Hillman C.H. *et al.*, Neuroscience, 159(3):1044-54., 2009
Raine L.B. *et al.*, PLoS One, 8(9):e72666,. 2013
Roig M. *et al.*, PLoS ONE, 7(9): e44594., 2012
Iwayama K. *et al.*, EBioMedicine, 2(12):2003-9., 2015
Hudziak J.J., *et al.* Journal of the American Academy of Child and Adolescent Psychiatry, 53(11):1153-61, 1161.e1-2., 2014
藤澤隆史ら , 情報処理学会誌 , 50(8):764-770., 2009
Johnson J. *et al.*, Cognitive Psychology, 21(1):60-99., 1989
Lenneberg E.H. “Biological Foundations of Language”, New York: John Wiley & Sons, 1967
Frans B.M. *et al.*, Nature Reviews Neuroscience, 18:498–509., 2017
Konrath S.H. *et al.*, Personality and Social Psychology Review, 15(2):180-198., 2011
Dewald J.F. *et al.*, Sleep Medicine Reviews, 14(3):179-89., 2010
Blume C. *et al.*, Frontiers in Human Neuroscience, 9:105., 2015

[26] Rasch B. *et al,* Physiological Reviews, 93(2):681-766., 2013
[27] Wassing R. *et al.*, Current Biology, 29(14):2351-2358.e4., 2019
[28] Wagner U. *et al.*, Nature, 427:352–355., 2004
[29] Hirshkowitz M. *et al.*, Sleep Health, 1(1):40-43., 2015
[30] Stutz J. *et al.*, Sports Medicine, 49(2):269-287., 2019
[31] Chang A.M. *et al*, PNAS, 112(4):1232-1237., 2015
[32] Layman D.K. *et al.*, Nutrition Review, 76(6):444-460., 2018
[33] Binks H. *et al.*, Nutrients. 12(4):936., 2020
[34] Alahmary S.A. *et al.*, American Journal of Lifestyle Medicine, 2019
[35] Lana A. *et al.*, Aging and Disease, 10(2):267-277., 2019
[36] Taki Y. *et al*, PLoS ONE, 5(12):e15213., 2010
[37] Otsuka R. *et al.*, European Journal of Clinical Nutrition, 75(6):946-953., 2020
[38] Ozawa M. *et al.*, American Journal of Clinical Nutrition, 97(5):1076-82., 2013
[39] Schaefer E.J. *et al.*, Archives of Neurology, 63(11):1545-50., 2006
[40] Takeuchi H. *et al*, Molecular Psychiatry, 21:1781–1789., 2016
[41] アンデシュ・ハンセン著『スマホ脳』2020 年、新潮社
[42] Berlyne D.E. Science, 153(3731):25-33., 1966
[43] Schultz W., Physiological Reviews, 95(3):853-951., 2015
[44] Berlyne D.E., British Journal of Psychology, 41(1-2): 68-80., 1950
[45] Leroy S., Organizational Behavior and Human Decision Processes, 109(2):168–181., 2009
[46] Liu D. *et al.* Journal of Research in Personality, 64:79-89., 2016

第 4 章

[1] Baltes P.B. *et al.*, Psychology and Aging, 12(3):458–472., 1997
[2] Cotman C.W. *et al.*, Trends in Neurosciences, 30(9):464-72., 2007
[3] Erickson K.I. *et al.* Neuroscientist, 18(1):82-97., 2012
[4] El-Sayes J. *et al.*, The Neuroscientist, 25(1):65-85., 2019
[5] Cotman C.W. *et al.*, Trends in Neurosciences, 30(9):464-72., 2007
[6] Rovio S. *et al.*, The Lancet Neurology, 4(11):705-11., 2005
[7] Voss M.W. *et al.*, Frontiers in Aging Neuroscience, 2:32., 2010
[8] Marco E.M. *et al.*, Frontiers in Behavioral Neuroscience, 5:63., 2011
[9] Heijnen S. *et al.*, Frontiers in Psychology, 6:1890., 2015
[10] Patrick R.P. *et al.*, the FASEB Journal, 29(6): 2207-2222., 2015
[11] Zschucke E. *et al.*, Psychoneuroendocrinology, 51:414-25., 2015
[12] Northey J.M. *et al.*, British Journal of Sports Medicine, 52:154–160., 2018

Oppezzo M. *et al.*, Journal of Experimental Psychology: Learning, Memory, and Cognition, 40(4), 1142–1152., 2014

Soga K. *et al.*, Journal of Cognitive Enhancement, 2:200–207., 2018

Ranjana K.M. *et al.*, International Journal of Environmental Research and Public Health, 13(1):59., 2016

Taki Y. *et al.*, Human Brain Mapping, 34(12):3347-53., 2012e

Gruber M.J. *et al.*, Neuron, 84(2):486-96., 2014

Chattarji S. *et al.*, Nature Neuroscience, 18(10):1364-75., 2015

Antoniou M. *et al.* Neuroscience and Biobehavioral Reviews, 37(10 Pt 2):2689-98., 2013

Bavishi A. *et al.* Social Science and Medicine, 164:44-48., 2016

Seinfeld S. *et al.* Frontiers in Psychology, 4:810., 2013

Tucker A.M. *et al.*, Current Alzheimer Research, 8(4):354-60., 2011

Park, D.C. *et al.* Psychological Science, 25(1): 103–112., 2014

Rogenmoser L. *et al.*, Brain Structure and Function, 223(1):297-305., 2017

Verghese J. *et al.*, New England Journal of Medicine, 348:2508-2516., 2003

Chanda M.L. *et al.*, Trends in Cognitive Sciences, 17(4):179-93., 2013

Taruffi L. *et al.*, Scientific Reports, 7:14396., 2017

Kennedy D. *et al.*, Trends in Cognitive Sciences, 16(11):559-572., 2012

Wu C. *et al.* Journal of Epidemiology and Community Health, 70(9):917-23., 2016

Rohwedder S., *et al.*, J Econ Perspect, 24(1): 119-138., 2010

James B.D. *et al.* Journal of the International Neuropsychological Society, 17(6):998-1005., 2011

Ertel K.A. *et al.* American Journal of Public Health, 98(7): 1215–1220., 2008

Cacioppo J. *et. al.*, Trends in Cognitive Sciences, 13(10):447-54., 2009

Dodge H.H. *et al.* Alzheimer's and Dementia, 1(1):1-12., 2015

Umeda-Kameyama Y. *et al.*, Geriatrics and Gerontology International, 20(8): 779-784., 2020

Kang J.H. *et al.*, Annals of Neurology, 57(5):713-20., 2005

Masuzaki H. *et al.* Journal of Diabetes Investigation, 10(1):18-25., 2019

Noguchi-Shinohara M. *et al.*, PLoS ONE, 9(5):e96013., 2014

Schaefer E.J. *et al.*, Archives of Neurology, 63(11):1545-50., 2006

Ozawa M. *et al.*, American Journal of Clinical Nutrition, 97(5):1076-82., 2013

Luciano M. *et al.*, Neulorogy, 88 (5):449-455., 2017

Morris MC. *et al.*, Alzheimer's and Dementia, 11(9):1015–1022., 2016

Martin C.K. *et al.* JAMA Internal Medicine, 176(6):743-52., 2016

[44] Qiu X. *et al.*, Biochimica et Biophysica Acta - Proteins and Proteomics, 1804(8):1576-1583., 2010
[45] Sasano T. *et al.*, Current Pharmaceutical Design, 20(16):2750-2754., 2014
[46] Robinson E. *et al.*, The American Journal of Clinical Nutrition, 97(4):728-42., 2013
[47] Xie L. *et.al.*, Science, 342(6156)373-377., 2013
[48] Kripke D.F. *et al.*, Archives of General Psychiatry, 59:131-136., 2002
[49] Jackowska M. *et al.*, PLoS One, 7(10):e472922012., 2012
[50] Chen J.C. *et al.*, Alzheimer's and Dementia., 12(1):21-33., 2016
[51] Sabia S., *et al.*, Nature Communications, 12:2289., 2021
[52] Li L. *et al.*, Frontiers in Psychiatry, 11:877., 2020
[53] Frey B.S. *et al.*, Science, 331(6017):542-3., 2011
[54] Diener E. *et al.*, Psychlogical Science, 13(1):81–84., 2002
[55] Borgonovi F., Social Science and Medicine, 66(11):2321-34., 2008
[56] Walsh L.C. *et al.*, Journal of Career Assessment, 26(2):199–219., 2018
[57] Mauss I.B. *et al.*, Emotion, 11(4):807–815., 2012
[58] Lee WE. *et al.*, Psychological Medicine, 36(3):345-351., 2006
[59] Tibi-Elhanany Y. *et al.*, Israel Journal of Psychiatry and Related Sciences, 48(2):98-106., 2011
[60] van Doorn J. *et al.*, Emotion Review, 6(3): 261–268., 2014
[61] Gruber J. *et al.*, Emotion, 13(1):1-6., 2013
[62] Sedikides C. *et al.*, Emotion, 16(4):524 –539., 2016
[63] Oba K. *et al.* Social Cognitive and Affective Neuroscience, 11(7):1069–1077., 2016
[64] Schacter D.L. *et al.*, Annals of the New York Academy of Sciences, 1124:1-38., 2008
[65] Buckner R.L. *et al.*, Nature Reviews Neuroscience, 20:593–608., 2019
[66] Lazar S.W. *et al.*, Neuroreport, 16(17):1893–1897., 2005
[67] Leung M.K. *et al.*, Social Neuroscience, 13(3):277-288., 2018
[68] Chiesa A. *et al.*, The Journal of Alternative and Complementary Medicine, 15(5):593-600., 2009
[69] Taki Y. *et al.*, Alcoholism, 30(6):1045-50., 2006
[70] Taki Y. *et al.*, Neuroradiology, 55(6):689-95., 2013
[71] Livingston G. *et al.*, The Lancet, 390(10113):2673-2734., 2017
[72] Taki Y. *et al.*, Obesity, 16(1):119-24. 2008
[73] Taki Y. *et al.*, Human Brain Mapping, 32:1973–1985., 2012d
[74] Lee H.J. *et al.*, Clinical Nutrition Research, 7(4):229-240., 2018

第5章

(1) Lally P. *et al.*, European Journal of Social Psychology, 40(6): 998-1009., 2010

(2) Neal D.T. *et al.*, Current Directions in Psychological Science, 15(4):198–202., 2006

(3) Samuelson W. *et al.*, Journal of Risk and Uncertainty, 1:7-59., 1988

(4) Sheeran P. *et al.*, Pers Soc Psychol Bull, 31(1):87-98., 2005

(5) Johnson D. *et al.*, Internet Interventions, 6: 89-106., 2016

(6) Christopher E.A. *et al.*, Journal of Applied Research in Memory and Cognition, 6(2):167-173., 2017

(7) Stuart J. *et al.*, Lancet, 312:514-516., 1978

(8) Wamsley E.J., Trends in Cognitive Sciences, 23(3):171-173., 2019

(9) Bahrick H.P. *et al.*, Journal of Experimental Psychology, 13(2):344-349., 1987

(10) Karpicke J.D., Current Directions in Psychological Science, 21(3):157-163., 2012

(11) Liles J. *et al.*, MedEdPublish, https://doi.org/10.15694/mep.2018.0000061.1 2018

(12) Rohrer D. *et al.*, Instructional Science, 35:481–498., 2007

(13) D'Angiulli A. *et al.*, Frontiers in Psychology, 4(1):1-18., 2013

(14) Olusola O. *et al.*, Review of Educational Research, 87(3):544–582., 2017

(15) Kornell N. *et al.*, Journal of Experimental Psychology: Learning, Memory, and Cognition, 41(1):283-294., 2015

著者略歴

瀧靖之（たき・やすゆき）

東北大学 スマート・エイジング学際重点研究センター

および加齢医学研究所 臨床加齢医学研究分野 教授

医師。医学博士。東北大学医学部卒業、東北大学大学院医学系研究科博士課程修了。脳のMRI画像を用いたデータベースを作成し、脳の発達や加齢のメカニズムを明らかにする研究者として活躍。読影や解析をした脳のMRI画像は、これまでに16万人に上る。10万部を超えたベストセラー『生涯健康脳』（ソレイユ出版）、『回想脳　脳が健康でいられる大切な習慣』（青春出版社）など著書多数。

聞き手

郷和貴（ごう・かずき）

1976年生まれ。子どもの将来を心配するライター。4歳の娘がいる。月に1冊、本を書くブックライターとして活躍中。

ブックデザイン　小口翔平＋奈良岡菜摘＋加瀬梓（tobufune）

イラスト　伊藤ハムスター

編集　竹内靖朗

校正　藤田玲子

図版 p.29, p.32, p.37, p.43 原図　123RF

脳医学の先生、頭がよくなる
科学的な方法を教えてください

2021年8月9日　第1版第1刷発行

著　者　瀧靖之

発行者　南浦淳之
発　行　日経BP
発　売　日経BPマーケティング
〒105-8308　東京都港区虎ノ門4-3-12
https://gooday.nikkei.co.jp/
DTP制作　アーティザンカンパニー
印刷・製本　大日本印刷株式会社

ISBN 978-4-296-10958-6

本書籍に関するお問い合わせ、ご連絡は下記にて承ります。

https://nkbp.jp/booksQA